KB239872

152x200   4부   무선   날개:78mm   매직칼라A 벚꽃색 1장   IP0056 4963

152x200 4부 무선 날개:78mm 매직칼라A 벚꽃색 1장 IP0056 4963

우리가 살아가는 동안 예기치 못한 고통을 겪을 때 따듯한 위로는 상대방의 괴로움을 덜어 주거나 슬픔을 달래준다.

위로와 희망

| 최왕규 지음

이담
Books

우리나라는 비약적인 경제성장으로 **OECD**국가의 일원이 되었고 원조 받는 나라에서 원조하는 나라로 국력이 신장하였지만 가족과 이웃 관계가 점차 약해지고 사람 간의 정(情)도 함께 메말라 가고 있다. 과거에 우리나라 사람들은 가난하지만 정이 넘치는 사회 속에서 가족과 이웃의 따뜻한 위로를 받으며 정서적으로 안정되고 건강하게 살았다. 그러나 현재 우리의 환경은 경제적으로 풍요를 누리지만 정서적으로는 빈곤한 상태이다.

열심히 살아도 결과가 좋지 못해 얻게 되는 허탈감, 실직 위협과 생존 불안, 다양한 가정문제, 상대적 열등감 등으로 많은 사람들이 삶이 괴롭다고 말한다. 홀몸노인과 나홀로족이 점차 늘어나고 있고, 행복하게 살아야 할 가족들이 빈곤으로 집단자살을 선택하고, 성공적인 미래를 꿈꾸며 직장에서 일해야 할 나이의 젊은이들이 아름다운 강원도에서 삼삼오오 모여 집단자살을 하고 있는 것이 증거이다.

최근 언론보도에 의하면 일본의 경우 30대 노숙자들이 늘고 있다고 한다. 그들은 가족과 이웃과의 관계가 약화되어 어려울 때 도움을 요청할 만한 사람들이 주변에 없고, 배가 고파도 자존심 때문에

152x200　4부　무선　날개:78mm　매직칼라A 벚꽃색 1장　IP0056　4963

음식을 달라고 말하지 않아 굶어 죽는 경우가 많다고 한다. 그리고 홀로 사는 노인들은 외로움과 식생활의 불편함을 해소하기 위해서 고의로 범죄를 저질러 교도소행을 택하고 있다고 한다.

우리나라도 지금처럼 가족과 이웃과의 관계가 소원해지는 일이 계속된다면 일본과 같은 참담한 일이 일어나지 않으리라는 보장이 없다.

내가 이 글을 통해 들려주고 싶은 것은 이제부터라도 우리 민족 고유의 정(情) 문화 회복을 위해 모두가 함께 노력해야 한다는 것이다. 더불어 이 책을 읽는 독자들이 책 속에 등장하는 역사적 인물들과 짧지만 뜨겁게 만나면서 어떠한 역경 속에서도 결코 포기하지 않았던 그들의 삶을 위안으로 삼고 희망을 갖기 바라며, 무엇보다 마음이 상한 자들의 고통 가운데 함께하시고 도움을 주시는 하나님의 크신 위로와 사랑을 깨닫기 바라는 마음이다.

궁극적으로 이 글을 읽는 독자들이 마음의 상처를 딛고 일어나서 강하고 담대한 희망으로 한 번뿐인 인생을 열정적으로 살아가기를 바라는 마음으로 글을 마친다.

최왕규 씀

152x200   4부   무선   날개:78mm   매직칼라A 벚꽃색 1장   IP0056 4963

제1부 위   로

이 별	12	인 터 넷	45
실 패	31	학교갈등	47
절 망	35	성인갈등	50
빈 곤	38	지역갈등	55
죽 음	41	종교갈등	62
전 쟁	44		

제2부 희망으로 행동하라

자기 알기	69	감사와 행복	118
자기 다듬기	90	성공의 비밀	122
희망 갖기	110	나눔과 행복	129
단 련	113		

제3부 종합적 해법

신 앙	139	볼런티어 워크	
독 서	142	(volunteer work)	154
자기계발	146	여 행	157
문 화	147	노년준비	158
사 랑	153	내세준비	161

152x200   4부   무선   날개:78mm   매직칼라A 벚꽃색 1장   IP0056 4963

제1부

위 로

152x200　4부　무선　날개:78mm　매직칼라A 벚꽃색 1장　IP0056　4963

　　우리는 세상을 살아가는 동안 희로애락을 겪는다. 기쁜 일만 생기는 사람도 없으며 슬픈 일만 당하는 사람도 없다. 우리가 살아가는 동안, 예기치 못한 고통을 겪을 때의 따뜻한 위로는 상대방의 괴로움을 덜어 주거나 슬픔을 달래 준다. 그래서 위로는 주는 사람도, 받는 사람도 마음을 따뜻하게 만든다. 우리나라 사람들이 이렇게 정이 많은 것은 타고난 고유의 성품인 것 같다. 시대의 정서를 반영하는 대중가요 중에서도 정에 관한 가사가 많이 있다. 그 중에서 조용필씨가 부른 정이란 노래는 서민의 정서를 잘 표현한 곡이라고 하겠다.

　　유행가는 그 시대의 사회상과 서민들의 애환을 반영하기에 지나온 세월을 반추해 보는 데 좋은 듯하다. 어른들의 경우, 지난 세월 즐겨 듣거나 불렀던 유행가를 듣거나 부르면 지나온 세월이 아련하게 떠올라서 추억에 젖는다. 추억의 노래는 동서양을 막론하고 모두에게 추억을 회상하는 음악으로 각광받고 있다.

그렇다면 우리가 위로를 받을 만한 것들은 도대체 무엇인가? 우리는 지나온 삶의 문제들을 어떻게 해결해야 할 것인가? 이 질문에 대한 해답을 찾아가는 길을 함께 떠나 보자.

1. 이별 - 이별을 넘어 승화로

사람은 세상에 태어나서 누구나 이별을 경험하게 된다. 그러나 사랑하는 사람 혹은 사랑했던 사람과의 예기치 않은 이별의 아픔은 마음을 면도날로 갈기갈기 긋는 것과 같은 아픔으로 겪어 본 사람만이 알 수 있다.

부모들은 자식들과 함께 살다가 세월이 흘러 아이들이 자라나면서부터 어느덧 밥상을 차리면서 밥그릇을 하나, 둘 덜 올려놓는 경험을 하게 된다. 딸의 출가, 아들의 분가 등의 이유로 함께 식사하기가 어렵게 된다. 이러한 이별은 행복함에서의 아쉬움이지만 부부간의 이혼으로 인한 이별과 연인의 이별, 형제의 이별 등은 상황이 다르다.

이러한 이별의 원인은 배신, 가난, 전쟁과 분단 등 안 좋은 사건으로 발생되는 이별이다. 이 같은 이별은 사람의 마음에 상처를 남게 하거나 마음에 쓴 뿌리를 만들게 되어서 자신 또는 남에게까지 상처를 주기도 한다. 사랑하던 남녀의 이별은 세상이 창조되어 인류가 이 땅에 살아오면서 수없이 일어난 사건이다. 이별의 사건은 남에게는 큰 사건이 아닐지 몰라도 자신이 원치 않는 이별을 겪는 사람에게는 너무나 커다란 상실이고 아픔이다. 이런 이별의 아픔을 겪는 사람들의 사연도 다양하다.

나는 대학 졸업 후 잠시 근무했던 한양건설 현장 사무소에서 근로자들을 관리한 적이 있었는데 어느 날 일용직으로 근무를 희망하는 중년 남자의 내방을 받았다. 마침 사람을 구하던 중이라서 일용직으로 근로계약을 하고 숙소로 안내해 주었다. 그런데 며칠 동안 일을 잘하던 남자가 이틀간 일하러 나오지 않아 숙소로 가서 어떻게 된 것인가 물어보니 방 한쪽에 누워서 흐린 눈을 하고 주민등록증을 보여 주는데 주민등록증 사진의 남자 모습은 한눈에 보아도 정장 차림의 말끔한 신사의 모습이었다.

그는 사진을 보고 있는 내게 전에 자신도 당신처럼 사무직으로 근무했던 사람인데 아내가 집을 나가서 아내를 찾고자 몇 년 동안을 전국 여러 곳을 돌아다녔는데 일 년 전부터는 돈도 다 떨어져서 공사판을 전전하면서 아내를 찾아다닌다고 했다.

마치 1990년대 자전적 소설『하얀 기억 속의 너』에서 암으로 아이를 낳지 못하게 되자 아들과 헤어질 것을 종용하는 시아버지 때문에 집을 떠난 아내를 찾아 웨이터, 엿 장사, 약 장사를 하면서 전국을 수십 년간 헤매고 다녔던 주인공을 보는 듯하였다.

이같이 아내의 가출로 인한 슬픔뿐 아니라 평생을 함께 살기를 맹세한 부부의 이혼도 커다란 이별의 슬픔이 아닐 수 없다. 이혼 이유를 보면 천태만상이다. 배우자의 문제, 즉 배우자의 부정, 배우자의 술주정과 폭행, 도박이나 사업자금 문제, 배우자의 가출, 속궁합 차이, 문화적 향유를 위함 등등 다양하다. 이혼의 경우 사람마다 도덕적 수준과 가치기준이 다르기 때문에 그 사람의 판단과 결정에 대해서 이렇다 저렇다 비판할 수는 없다. 그들은 어찌할 수 없는 상황에서 아픈 마음을 참고 참으며 이혼을 택한 것이기 때문이다.

동서양의 역사를 보면 역사가들은 유명인들의 이혼사유를 기록해 왔음을 알 수 있다. 로마의 장군 카이사르의 경우는 전쟁터에서 돌아와 보니 아내가 바람을 피었다는 소문을 들었다. 카이사르가 외도의 증거가 나오지도 않았는데 이혼을 하자 그의 주변에서는 증거도 없는데 이혼한 것은 너무한 것이 아닌가라고 그에게 의문을 제기했을 때 그가 말하기를 카이사르의 아내는 바람을 피었다는 소문도 있어서는 안 된다고 했다.

폼페이우스도 아내가 바람을 피워서 이혼을 하게 되었다. 아내의 상대남은 카이사르도 포함되었다. 아이러니한 것은 카이사르는 이혼한 폼페이우스에게 자신의 외동딸을 배필로 준다.

폼페이우스와 결혼한 카이사르의 딸은 폼페이우스와의 많은 나이

152x200   4부   무선   날개:78mm   매직칼라A 벚꽃색 1장   IP0056 4963

차이와 관계없이 다정한 부부로 행복한 나날을 보냈다. 그럼에도 불구하고 카이사르와 폼페이우스는 훗날 로마에 집권하고자 하는 야망으로 큰 전쟁을 하기에 이르렀는데 그 전쟁의 승리는 로마로 연결된 루비콘 강 다리를 건너면서 "주사위는 던져졌다"라는 명언을 남긴 카이사르에게 돌아갔다. 이혼만이 아니라 정치와 군사적인 면에서도 결단력이 있는 카이사르의 승리였던 것이다. 훗날 그는 아르메니아의 파르나케스 왕과의 전쟁에서 승리한 후 또 하나의 유명한 말을 남겼는데 "왔노라. 싸웠노라. 보았노라"이다. 세상에는 슬프지만 아름다운 사별과 관련된 사랑 이야기도 있다. 고려의 공민왕과 노국공주의 애절한 사랑이야기이다. 고려의 태자 왕기는 12세 때 원나라에 볼모로 가서 살았다. 그는 그림을 그리면서 세월을 보내던 중 19세가 되어서 노국공주와 결혼을 하게 된다. 그리고 그는 2년 후에 고려의 왕으로 귀국하여 친원세력을 몰아내고 잃어버린 북방의 땅을 회복한다.

그를 지지해 준 사람은 다름 아닌 왕비가 된 노국공주였다. 노국공주의 지지 중에 대표적인 것이 친원세력인 원나라 황후의 오라버니인 기철과 그의 일당을 처치한 일이다. 그리고 공민왕이 9백여 년간 원나라에 뺏긴 후 찾아오지 못하고 있는 북방의 땅을 찾고자 군량비를 비축하는 데 자금 부족으로 어려움을 겪자 노국공주는 자신이 원나라에서 고려로 올 때 가져온 패물을 자금으로 쓰도록 내

놓는다. 이 일은 전국에 알려져서 많은 귀족들이 자진해서 국가에 금은보화를 헌납하는 일로 번졌고 백성들은 왕비를 진심으로 존경하게 되었다.

이렇게 전폭적으로 자신을 지지하고 내조한 왕비가 어느 날 아이를 출산하다가 갑자기 죽게 되었는데 왕비의 죽음은 공민왕에게 커다란 충격이었다. 사별의 슬픔을 이겨 내지 못한 왕은 정사를 돌보지 못하던 중 어느 추운 겨울날 왕비가 묻혀 있는 능으로 가서 능 근처에 마련된 행궁에서 보름 동안을 홀로 지내면서 글을 읽던 중 마음에 끌리는 대목을 종이에 적었다.

구름처럼 모인 정이
달 따라 가 버렸네
어디에서 왔다가
어디로 가 버렸는가

— 화엄경 —

정인이었던 왕비를 그리워하는 그의 마음을 잘 대변해 주는 글이었다. 왕의 병은 치유되지 않고 갈수록 깊어져 갔다. 역사가들은 공민왕의 후궁들이 앞 다투어 적자를 잉태하고자 경쟁하듯이 왕의 수청을 들려고 하였고 이를 싫어한 왕은 점차 여자들을 멀리하기에

152x200   4부   무선   날개:78mm   매직칼라A 벚꽃색 1장   IP0056 4963

이르렀다고 말한다.

결국 공민왕은 몽고에서 유행하여 고려에도 퍼졌던 동성애를 하고 자신을 여성시하기까지 이르렀다. 그리고 자제위(왕의 침소를 받들기 위해 구성된 13명의 미소년 집단) 중에 한 명인 홍윤이 자신의 지시로 익비를 임신시키게 된 것을 내시 최만생에게서 듣고 취기 중에 홍윤을 죽일 것이라고 말하면서 "너도 죽여야 소문이 안 나겠지"라는 실언을 함으로써 이 말을 들은 최만생이 자제위 홍윤, 권진, 홍관과 결탁하여 침소에 들어가서 왕을 살해하여 비참한 최후를 맞게 된다. 공민왕은 왕비를 잃은 슬픔과 충격에서 벗어나지 못하고 마음의 병에 걸려 국사를 돌보지 않고 동성애 등 풍기문란 행위를 하다가 죽임을 당하게 되었다. 사별의 슬픔을 이겨 내지 못한 한 사람의 비참한 말로이다.

생전에 그의 성공을 위해 조국과 친정까지 등지면서 애쓴 왕비(노국공주)의 노력을 생각해 볼 때 너무나도 안타까운 일이었다. 역사적으로 볼 때 공민왕과 노국공주만큼 백성들을 아끼고 사랑한 왕과 왕비가 없었으며 백성들에게 존경받고 사랑받은 왕과 왕비가 없었기에 그들의 인생이 해피엔딩으로 마치지 못한 것이 더욱 안타깝다.

왕과는 정반대로 하층생활 중에서 최하층의 생활을 하던 김춘삼은 거지생활을 하던 중 경북 모 군청으로부터 사업의뢰를 받고 한센병 환자들을 대구시 외곽에 새롭게 조성된 나환자촌으로 이주시키는 일을 하게 되었다.

그때 김춘삼은 일본의 와세다 대학교 출신인 한센병 환자들의 대표를 만나서 담판을 하던 중 한센병에 걸려서 일류대학을 중퇴한 여동생과 결혼해 주면 집단촌을 이전해 주겠다는 뜻밖의 제의를 받는다. 거지왕 김춘삼은 그 자리에서 그 제의를 받아들이고 나환자 대장의 여동생과 결혼하여 신혼 밤을 치른 후 황급히 그곳을 떠났지만 양심의 가책을 느끼고 같이 살고자 사흘 후에 다시 그녀를 찾아갔는데 이미 그녀는 자살하여 세상을 달리한 후였다. 그녀가 남긴 유서에는 이런 글이 적혀 있었다고 한다.

남산이 말을 할 수 있으면
당신에게 내 말을 들려줄 것입니다.
남산에게 물어보십시오.
내가 당신에게 하고 싶은 말을
남산은 알고 있을 테니까요.
나에 대해서 궁금하거든 남산에게 물어보세요.

못다 핀 꽃 한 송이와 같은 여인의 사랑과 아픔이 물씬 묻어 나오는 글이 아닌가? 그 후 거지왕 김춘삼은 사별의 슬픔과 많은 역경을 극복하면서 거지들을 계몽하는 일을 하다가 목사가 되어 소외되고 약한 자들을 돌보며 살았다. 이렇듯 우리는 여러 가지 이별을

152x200　4부　무선　날개:78mm　매직칼라A 벚꽃색 1장　IP0056　4963

겪게 되는데 원치 않는 이별의 경우, 이별 후에 오는 집착이 가져오는 고통은 상상 외로 크다.

이러한 이별의 고통을 겪지 않기 위해 사람이 가져야 할 마음가짐에 대해서 석가모니는 헤어진 사람에게 집착하지 말아야 할 것을 인연에 빗대어서 이렇게 말했다. "인연이 아니면 떠나갈 것이요. 인연이면 다시 만날 것이요, 다시 만나지 못한다면 새로운 인연이 올 것이다. 그러니 흐르는 물에 몸을 맡기듯이 순리대로 흘러가면 되는 것이다."

동양인만 순리대로 살아가는 데 익숙한 것이 아니다. 프랑스에 단체로 여행을 간 사람들에게 있었던 일화로, 한 여인이 호텔에 물건을 두고 나온 것을 뒤늦게 알고 관광버스 기사에게 호텔로 돌아가 줄 것을 요청했다고 한다. 그때 프랑스인 운전기사는 "세라비"라고 말한 후 차를 돌려서 호텔로 향했다고 한다. 그 여인이 주변사람들에게 그 말뜻을 물어보니 "인생은 그런 것이다"였다.

프랑스인들의 여유 있는 삶은 오랜 전통과 생활의 풍요로 인한 삶의 질의 우수함에도 있지만 그들도 그들 나름대로 내전과 세계대전을 겪으면서 인생의 아픔과 고통을 승화하며 살아가는 동안 익힌 민족성이라고 할 수 있을 것이다.

우리나라에서는 처음에는 잘했는데 나중에는 안 좋게 변해 갈 때 사람들은 "다 그런 거지"라고 말한다. 이 말은 왠지 체념하는 듯한 뉘앙스가 있어 쓸쓸한 느낌이 들기도 한다. 이런 말을 하는 사람의 심리 상태는 상대를 이해하기보다 상대에 대한 기대가 무너졌을 때 화를 내기보다는 체념하고 속으로 삭이는 것으로 현실의 고통에 적응하는 긍정적인 측면도 있다.

몇 해 전 유행한 "인생 뭐 있어"라는 말은 현대인들이 인생에 대해서 너무 고민을 하고 스트레스가 만만치 않은 적절한 시기에 적절한 표현으로 인기를 끈 대사가 아닌가 싶다. 이 말은 때로는 자신의 신세를 한탄하여 자조적(自嘲的)으로 쓰이기도 한다. 그러나 인생은 너무 고민할 것도 너무 안일할 것도 아닌 기준이 있어야 한다. 오랫동안 전해 내려온 기준이 인생의 기준이 될 때 유별나거나 화려하지 않고 때론 권태롭기까지 한 일상생활에서 안정을 유지할 것이다.

욥은 동방의 의인이었는데 집과 가축과 함께 자녀를 재앙으로 잃게 되었다. 그의 아내는 무너진 집터 위에 앉아 온몸에 난 악창을 기와 조각으로 긁고 있는 욥에게 다가가서 "하나님을 순수하게 섬기는 것을 그만두고 하나님을 욕하고 죽으라"고 하였다. 욥은 자녀와의 사별과 아내의 멸시, 전 재산의 몰락 등으로 슬픔이 이루 말할 수 없었다. 그러나 그는 하나님을 원망하지 않았고 자살하지도 않았다. 결국 그는 하나님으로부터 그전보다 몇 배에 달하는 복을 받고 부유하고 행복한 삶을 살았다고 한다.

구약성경에 나오는 요셉은 이복형제들의 시기를 받다가 결국에는

152x200   4부   무선   날개:78mm   매직칼라A 벗꽃색 1장   IP0056 4963

형들에 의해서 아랍상인들에게 노예로 팔려 이집트로 끌려가게 되었다. 요셉은 그를 극진히 사랑하던 부모와 강제로 이별하게 된 것이다. 이 사건은 부모가 모르는 가운데 엄청난 가정의 불화가 발생한 것이다. 그러나 요셉은 애굽에 노예로 팔리기 전에 하나님께서 자신을 성공시켜 주겠다고 꿈으로 보여 주신 약속을 굳게 믿고 인내하면서 주어진 일에 최선을 다하는 삶을 살아간다.

어느덧 세월이 흘러 요셉이 30세가 되는 해에 하나님께서는 고난으로 단련받은 요셉에게 애굽의 국무총리가 되도록 도우신다. 애굽의 국무총리가 된 요셉은 왕으로부터 전권대행의 권력을 받아서 대기근으로 엄청난 재난을 당할 위기에 처한 애굽을 구하고, 가나안 땅에서 기근으로 고생하고 있는 자신의 부모와 형제를 애굽으로 오게 하여 평안히 살게 한다.

예수님은 사랑하는 제자들과의 이별을 앞두고 최후의 만찬을 가지셨다. 어머니 마리아는 아들 예수의 죽음을 목격하고 슬픔에 빠져서 울었다. 아들의 시신을 안은 어머니 마리아의 모습은 많은 화가와 조각가들의 작품으로 표현되어 수천 년이 지난 오늘날까지 깊은 감동을 주고 있다. 그러나 어머니 마리아의 슬픔은 부활하신 예수님을 만난 후 감격과 희망으로 바뀌게 된다.

몽고의 정복자 테무친은 다른 부족에게 아내를 빼앗기는 비극적인 이별을 겪는다. 그는 세력을 키워서 적들을 섬멸하고 아내를 다시 찾았으나 이미 그의 아내는 적장 아들의 아이를 임신한 상태였다. 그러나 그는 자기 아내를 버리지 않았고 아내에게서 낳은 아이를 자기 자식과 동일하게 사랑하고 키웠으며 훗날 다른 아들들과 같이 그의 왕국을 나누어 주기까지 하였다.

삼국지에 등장하는 관우는 조조군에게 붙잡혀서 주군인 유비와 이별하게 된다. 그때 적군인 조조의 극진한 대접에도 불구하고 그는 주군인 유비를 배신하지 않았으며 결국 기회를 엿보다가 탈출을 시도하였는데 그런 관우를 조조는 추격하지 않고 살려 준다. 훗날 관운장에게 붙잡힌 조조는 자신이 살려 준 것을 생각해서 살려 달라고 애걸하여 관우의 도움으로 생명을 보존하고 탈출하게 된다. 비록 적장이었지만 인재를 알아보고 살려 준 조조는 훗날 그 보답을 받게 된 것이다.

살았으나 죽은 자로 만들어 생이별한 경우도 있다. 조선 말 별기군이 설쳐 대고 구식군대 대우는 갈수록 나빠졌으며 월급이 1년이나 밀렸다고 한다. 그러다가 두 달치 월급이 쌀로 나왔는데 그 쌀 속에 모래가 섞여 있었다.

이에 반발하여 구식군대의 폭동이 일어나자 흥선대원군은 측근을 내세워 시위를 격화시켜서 군란을 일으키게 하였다. 임오군란 위기에 고종이 흥선대원군을 궁궐로 불러들여 무마시키는 과정에서 흥선대원군은 살아 있는 며느리를 죽었다고 공포하여 아들 부부를 생

152x200   4부   무선   날개:78mm   매직칼라A 벚꽃색 1장   IP0056 4963

으로 사별시키고 장례식을 치렀다.

자신이 원하지 않았지만 사랑하는 조국을 떠나 외롭게 쫓기는 신세가 되어 조국을 그리워하다가 쓸쓸히 목숨을 끊은 사람이 있다. 카르타고의 한니발 장군이다. 그는 눈보라 몰아치는 알프스 산맥을 병사들과 함께 코끼리 떼를 몰고 넘어가서 당시 대제국인 로마를 공격하여 로마시민들을 공포에 떨게 하였다. 로마의 장군 스키피오는 자국에서의 싸움이 로마군에게 불리하다고 판단하여 역으로 카르타고를 공격하였다. 결국 스키피오의 계략대로 위험에 빠진 카르타고의 원로원은 한니발을 소환하여 자마전투에 출전하게 하였는데 대패하고 말았다.

그러나 훗날 그는 카르타고의 집정관이 되어 로마에 대한 보복 기회를 노렸으나 정적에 의해 시리아와 통모하여 로마에 대항하려 한다는 밀서가 로마로 전해졌기에 부득이 시리아로 피신하였다. 그 후 한니발 장군은 시리아의 안티오코스 3세와 함께 로마군과 싸웠으나 BC 190년 안티오코스 군이 마그네시아에서 로마군에 패배하자 다시 소아시아의 비티니아로 피신하였다. 로마는 그의 신병인도를 요구한 후 자객들을 보내서 그의 뒤를 쫓았다. 여러 해를 도망자 신세가 되어 숨어 살던 한니발 장군은 어느 날 점점 좁혀 오는 로마 자객의 포위망을 실감하고 자살로 생을 마쳤다. 한 시대의 영웅이 일신의 안목만을 위하는 원로원 간신배들로 인해 조국을 떠나 외롭게 생을 마쳤으나 그 이름은 후대에 빛을 발하고 있다. 그러나 카르타고는 역사 속에서 사라져버렸다. 에이브러햄 링컨은 어려서 어머니와 이별한 후 어머니가 남겨 주신 성경책을 읽으며 자랐다. 링컨의 어머니 낸시는 아들이 세상에 태어나자마자 성경을 읽어 주고, 아들을 위해 기도했다. 그러다가 그가 아홉 살이 되었을 때에 풍토병으로 세상을 떠났는데, 링컨에게 자신이 읽던 성경을 주면서 유언하기를 "부자나 위인이 되기보다는 성경을 읽는 것을 즐기는 사람이 되라"고 말하였다.

그 후 링컨은 어머니의 유언을 따라 늘 성경을 읽는 대통령이 되었다. 훗날 그는 어머니에 대해서 이렇게 기록하고 있다. '어머니의 기도 소리는 오두막집 구석구석에 깔려 있는 것 같았다. 집에서뿐만 아니라 들에서 일할 때에도, 내가 성장하여 가게에 나가 일할 때에도 어머니의 기도 소리는 언제나 내 곁에서 사라지지 않았다'고 회고하면서 어머니를 존경하였다. 그리고 그는 실패를 두려워하지 않고 끊임없이 보다 나은 삶을 위해서 노력하고 도전하여 미합중국의 존경받는 대통령이 되었고, 흑인노예 해방에 기여했다.

성경을 읽고 자란 링컨의 성공적인 자질인 온유함과 겸손함은 아버지와 관련된 예화에서 잘 나타난다. 링컨의 아버지 토머스 링컨은 1637년 영국에서 이민 온 직공의 후예로 농부가 되어 땅을 개간하며 농사를 짓다가 농업이 여의치 않자 토머스 역시 신발 만드는

152x200　4부　무선　날개:78mm　매직칼라A 벚꽃색 1장　IP0056　4963

일을 하였다. 링컨이 대통령에 선출되었을 때 그런 사실을 알게 된 상원의원들은 매우 충격을 받았다.

대부분 높은 학력에 명문 귀족집안 출신이었던 상원의원들은 신발 제조공 집안 출신에다 제대로 학교도 다니지 못한 링컨 밑에서 일해야 한다는 것이 여간 불쾌하지 않았던 것이다. 링컨이 대통령에 선출돼 많은 상원의원들 앞에서 취임 연설을 하게 되었다. 그때 거만해 보이는 한 상원의원이 일어나 링컨을 향해 말했다. "당신이 대통령이 되다니 정말 놀랍소. 그러나 당신의 아버지가 신발 제조공이었다는 사실을 잊지 마시오. 가끔 당신의 아버지가 우리 집에 신발을 만들기 위해 찾아오곤 했소." 그러자 여기저기서 킥킥거리는 웃음이 새어 나왔다.

그때 링컨의 눈엔 눈물이 가득 고였다. 그것은 부끄러움의 눈물이 아니었다. "고맙습니다. 의원님 때문에 한동안 잊고 있던 내 아버지의 얼굴이 기억났습니다. 내 아버지는 신발 제조공으로 완벽한 솜씨를 가진 분이셨습니다. 여기 이 자리에 모이신 분들 중엔 내 아버지가 만드신 신발을 신으신 분들도 계실 겁니다. 만약 신발이 불편하다면 제게 말씀해 주십시오. 아버지의 기술을 옆에서 보고 배웠기에 조금은 손봐 드릴 수 있을 겁니다. 물론 제 솜씨는 돌아가신 아버지에 비교할 수 없습니다." 그러자 장내 모두가 숙연해졌다고 한다.

강원도 고성에 가면 바닷가에 300명의 주민이 사는데 그중에 70%

가 이북에서 피난 온 사람들이다. 그들 중 한 노인은 신혼이었는데 전쟁 통에 신부를 놔두고 잠시 피난 온 후 96세가 된 지금까지 고향을 지척에 두고 돌아가지 못하고 있다. 또 한 노인은 매일같이 바다 끝 망루로 나가서 고향 하늘을 바라보면서 가족들을 생각한다고 한다. 집을 떠나던 날 어머니에게 며칠만 피했다 오겠다고 말하고 남으로 내려왔는데 60년의 세월이 흘렀다고 한다. 독일이 동서로 분단되었다가 서독이 흡수 통일한 것처럼 우리 민족도 남한이 선진 강국이 되어 북한을 흡수 통일하는 날이 속히 왔으면 한다.

가족들과의 이별이 있었지만 그 이별을 통해서 경제발전의 밑거름이 된 사람들이 있다. 당시 국가수반이었던 박정희 대통령은 경제개발 5개년 계획을 세우고 산업을 발전시킬 의욕으로 가득 찼지만 경제를 개발할 자금이 턱없이 부족하였다. 원조와 차관에만 의존한 1960년대 초 한국경제는 한마디로 심각한 위기에 빠져 있었다.

산업육성을 위해서 공장을 지으려 해도 돈과 기술이 없어서 지을 수가 없었으며, 실업률은 치솟아 40%에 육박했다. 당시 한국의 1인당 국민총생산(GNP)은 79달러로 필리핀 170달러와 태국 260달러에도 크게 못 미쳤고 190개국 중에 189위였다. 인도가 최하위였고 북한은 한국보다 한 단계 위로 188위였다.

우리나라가 그 당시 외국에 수출한 제품은 여자들의 머리카락을 사서 만든 가발과 족제비나 쥐를 잡아서 가죽으로 만든 목도리 등이었다. 대부분의 국민들이 끼니도 제대로 이어 가기 힘든 현실에서 박 대통령의 발상은 하나의 이상에 불과한 것일 수밖에 없을 때 그는 미국에 외화를 빌려 줄 것을 청했으나 미국 대통령으로부터 돌아온 답변은 거절이었다. 당시 미국 대통령은 우리나라에 돈을 빌려 주면 받을 수 없다고 생각해서 구호물자는 보내 줄 수 있지만 돈은 안 된다고 했다는 것이다.

그래서 박정희 대통령은 같은 분단국가인 서독 대통령에게 외화를 빌려 달라고 전화를 했다고 한다. 그러나 그에게 돌아온 대답은 미국의 대통령과 마찬가지로 거절이었다고 한다. 그때 박 대통령은 외화를 빌려 준다면 광부와 간호사 인력을 담보로 보내겠다고 하였다. 이 제안이 받아들여져서 광부와 간호사들을 모집하였는데 수많은 사람들이 지원하였다. 당시 광원과 간호사들의 파독 계약조건은 "3년간 한국으로 돌아올 수 없고, 적금과 함께 한 달 봉급의 일정액은 반드시 송금해야 한다"는 것이었다. 그렇게 해서 1963년부터 1977년까지 독일로 건너간 광원은 모두 7,932명이었다.

이들은 독일의 탄광에서 일을 하고 연금과 생활비를 제외한 월급의 70~90%를 고스란히 조국에 있는 가족에게 송금했다. 이들이 한국으로 송금한 돈은 연간 5,000만 달러로 한때 한국 GNP의 2%에 이르렀다. 또한 서독 정부는 이들이 제공할 3년치 노동력과 그에 따라 확보하게 될 노임을 담보로 1억 5천만 마르크의 상업차관을 한국 정부에 제공했다. 독일로 파견된 광원과 간호사의 수입은 1970년대 한국 경제성장의 '종자돈' 역할을 했다.

중국에도 가족들과 이별한 사람들이 자국의 경제를 돕게 된 경우가 있다. 세계로 흩어진 화교들의 이별이다. 화교(華僑)는 중국인이 타국에서 임시로 사는 곳이라는 뜻으로 '여행하는 사람'이라는 뜻을 포함한다.

따라서 화교란 일시적으로 국외에 여행하는 중국인이라는 의미가 된다. 그리고 엄밀한 의미에서 화교는 중국국적과 관계없이 거주국의 국적을 가지고 있는 화인과 구별된다. 화교의 이주 역사는 12세기 남송 해안 상품경제의 급격한 발전에서 시작하여 1949년 중화인민공화국 출범 이후부터 지금에 이르러 극치를 이루어 화교와 화인은 세계 140국이 넘는 국가와 지역에 광범위하게 분포하였고 그 수는 삼천만 명 이상이 된다.

우리나라는 중화인민공화국 출범 후 중국과 한·중 수교를 맺기 전까지 중국을 중공이라고 불렀다. 공산화 후 중국은 노동인민생활의 기본적 개선과 더불어 일부 국가가 화교의 입국을 제한하여 국내 인민의 대량출국 현상은 이미 기본적으로 멈추었다.

하지만 동서방 경제발전의 차이와 미국, 캐나다, 호주 등의 국가 이민정책 조정으로 여전히 적지 않은 중국인이 빠져나갔고 친인단체 또는 유학 등 방법으로 계속적으로 해외로 이주하였다. 이 시기

152x200 4부 무선 날개:78mm 매직칼라A 벚꽃색 1장 IP0056 4963

의 화인 경제의 발전과 인구의 자연적 번창으로 해외 화교의 수는 여전히 증가하고 있다. 화교가 해외로 강력하게 팽창할 수 있는 것은 그들 나름의 결합과 강한 단결심 그리고 그것을 축으로 세력을 확대하고 있는 소위 네트워크의 힘이라고 볼 수 있다. 화교 네트워크는 상호 원조를 목적으로 동족, 동향 및 동업의 결합체, 즉 방(幇)에 의해 이루어진다.

따라서 조직 내부 간에는 강한 응집력을 갖고 있으나, 이민족 또는 비조직원에게는 배타적 성향도 가지게 된다. 화교들에 대해서 이렇게 자세하게 언급한 것은 화교들이 조국을 떠나 자신의 가족들과 이별 경험을 하면서 세계로 나아가 삶의 터전을 만들어 갔기 때문이다. 그들은 자신들의 조국에 남겨 두고 온 가족들에게 외화를 송금하였다. 공산화된 조국을 위해서라기보다는 자신들의 혈육에 대한 인정 때문에 하기 시작한 송금이었다. 중국은 그들이 보낸 달러를 가지고 덩샤오핑의 주도하에 개혁개방 정책을 시작하여 오늘의 성장을 이루었다.

우리나라에서 제2공화국시절 독일로 간 광부와 간호사들, 월남에서 군인들이 보내온 달러를 가지고 경제개발을 성공적으로 이룩한 것과 비슷한 경우라고 할 수 있다.

현재 우리나라는 저출산, 고령화 사회로 접어들면서 갈수록 경제적 어려움이 심화될 지경에 놓이게 되었다. 20, 30대 여성들이 결혼을 기피하고 결혼한 여성들도 교육 등 문제를 들어서 출산율이 저조한 상태이다. 한 나라의 자원 중 인구만큼 귀한 자원이 없는데 이대로 가다 보면 우리나라는 인구가 줄어서 약소민족으로 전락할 위기에 처해 있다.

민족과 국가의 구성요소 중 인구는 가장 중요한 요소이다. 필자는 인구는 많으면 많을수록 좋다고 생각하는 편이다. 특히 우리나라는 사계절이 뚜렷하여 한국인은 어느 나라에 가서든 기후적응을 아주 잘한다. 더불어 음식에 대한 적응력도 매우 뛰어나다. 음식은 그 나라의 기후와 밀접한 연관을 가지고 만들기 때문이다. 지금도 온 세계에 한국인들이 진출하여 코리아타운이나 단체를 만들어 활동하고 있는데 아프리카는 말할 것도 없고 알래스카까지 진출하여 생활하고 있다.

세계는 이제 갈수록 교통이 발달하여 일일 생활권 안에 들어서고 있다. 이것은 거대한 우주에 지구라는 마을이 형성되는 것이라고 볼 수 있다. 글로벌, 세계화의 시대가 가속화되고 있다. 이러한 때에 인구가 많으면 온 세계에 한국인들이 진출하여 네트워크를 형성하는 데 유리하다.

그런데 한국인의 네트워크는 중국인의 방보다 더 효과적이어야 하겠다. 다행히 세계 곳곳에 한인 네트워크로 탄생한 코리아타운과 한인교회가 있다. 한인교회를 잘만 활용한다면 유교 배경하에 있는

152x200　4부　무선　날개:78mm　매직칼라A 벗꽃색 1장　IP0056 4963

중국의 방을 능가하는 귀한 자원이 될 수 있을 것이다. 교회가 설립되기 어려운 나라에는 사회복지관을 설립하여 선행, 즉 봉사를 통해 지역사회에 뿌리를 내리면서 한인 네트워크를 만들어 갈 수 있다. 세계는 무한히 넓고 국가들은 갈수록 가까워진다. 이별이 슬픔으로 끝나는 것이 아닌 내일의 희망으로 만들어 가기 위해서는 결혼하고 자녀를 많이 낳아 온 세계로 나아가야 하겠다.

내가 어릴 적에 살았던 동네에 비슷한 또래의 남매들이 있었다. 그들의 부모님과 우리 부모님은 서로 사이가 좋아서 지금까지도 왕래를 하는데 그분들의 아들 두 명과 딸 한 명이 모두 결혼하여 두 아들 부부는 인도로, 딸 부부는 아프리카 케냐에 가서 선교를 하는데 어렸을 때 가난하게 살았던 경험을 살려서 매우 성공적으로 선교사 역을 수행하고 있다는 소식을 듣는다. 하나님께서 그들의 어린 시절 가난을 통해서 몸과 마음을 단련하시어 훗날 가난한 이들을 돌보며 구원으로 인도하는 선교사로 사용하신 것이라 생각한다.

2. 실패 – 실패를 넘어 성공으로

우리는 세상에 태어날 때 마음에 드는 부모를 선택하여 태어나지 않는다. 어떤 사람은 태어나서 보니 너무나 형편없는 환경에 놓이

기도 한다. 그러나 그런 불우한 가정환경이 한 사람의 인생을 실패로 몰아갈 수는 없다.

세계적인 최고 TV 앵커인 오프라 윈프리가 인종 차별이 심한 미국 남부 지방의 가난한 집안에서 태어나 6살 때까지 자기 신발도 없는 어려운 환경 속에서 성장했지만 그녀의 성공을 향한 강한 의지는 꺾을 수 없었다.

사람들은 그녀를 보고 가난하고 뚱뚱하며 성추행을 당한 미혼모라고 무시하였다. 그러나 그녀는 그런 말들을 무시하고 담담히 여겼으며 자신을 둘러싸고 있는 악조건에 맞서서 역경을 성장과 발전을 위한 축복으로 생각하고 굳건히 극복하였다. 그녀의 이런 긍정적인 사고는 아버지와 새엄마의 엄격하면서도 애정 어린 돌봄과 다량의 독서를 통해서 이루어졌다고 한다. 어느덧 세월이 흘러 그녀는 수많은 사람들에게 긍정적인 영향력을 미치는 매력적인 사람이 되었다.

그리고 2007년 민주당 경선과 2008년 미국대선을 앞두고 오바마 선거지원 연설로 오바마를 미국 전역에 알리어 결국 오바마가 대선의 승자가 되는 데 일등 공신 역할을 한다.

노벨경제학상을 수상한 대니얼 카너먼 교수는 "성공을 위한 가장 필요한 조건은 지능이나 학벌이나 운이 아니라 매력이다"라고 말한다. 매력이라는 것은 사람의 마음을 잡아끄는 힘이라고 사전에는 기록되어 있는데 사람의 마음을 잡아끄는 힘의 요소는 다양한 것이다. 그 힘을 계발하는 것이 지능이나 학벌을 계발하거나 운을 바라는 것보다 중요하다고 할 수 있다. 한 예로 미국 서부에서 성공한 사람들의 공통점은 걸음걸이가 빠르고, 회의나 모임 시에 가장 앞자리에 앉으며 자기도 잘 웃고 남도 잘 웃겨서 좋은 분위기를 만들고 골프 퍼팅할 때처럼 매사에 집중하고 필요한 말만 하고 항상 긍정적인 사고를 가진 사람들이었다고 한다. 아마도 사람들은 이런 사람들을 보면 매력 있다고 할 것이다.

필자도 주변에서 대성(大成)이든 소성(小成)이든 성공한 사람들은 모두 사람들에게 호감을 주는 사람들이라는 것을 볼 수 있다. 그런데 그 요소를 자세히 살펴보면 얼굴이 밝고 남을 존중해 주며 긍정적인 말을 하는 공통점을 가지고 있다. 문제 해결에 있어서도 긍정적으로 해결하려 노력하는 것을 볼 수 있다. 그런 사람을 만나면 기분이 좋아지고 밝아진다.

언젠가 모 신문에서 본 기사가 생각이 나는데 한국에서 성공한 사람들에게 있는 공통점은 한겨울에 칼날이 매서운 찬바람을 맞으며 홀로 들판에 서서 다시 할 것인가 아니면 여기서 주저앉을 것인가를 고민한 적이 있는 사람들이었다고 한다.

『최고의 인생을 사는 지혜』의 저자 사무엘 스마일스는 사람은 성공하고자 하는 '강한 의지'만 있어도 어떠한 역경 속에서도 다시 일어날 수 있다고 하였다. 즉 아무리 가진 것이 없어도 남을 원망하거나 환경을 탓하지 말고 주어진 환경에서 강한 의지를 가지고 근면 성실하게 살라는 것이다.

그의 저서는 제2차 세계대전 후 승전국이지만 전쟁으로 피폐해진 영국인들에게 센세이션을 일으켰고 패전하여 국토가 황폐해지고 삶에 희망이 없어진 독일인들과 일본인들에게 다시 시작할 커다란 위로와 용기가 되었다고 한다. 이런 예를 볼 때에 글의 힘은 위대하고 인간의 정신은 긍정적인 사고를 할 때 큰 능력을 발휘할 수 있으며 더욱이 다수가 공통적으로 긍정적인 사고를 할 때에 위대한 힘을 발휘하고 역경을 이겨 낼 수 있다는 것을 역사가 증명해 주고 있다.

근래에 미국의 조엘 오스틴 목사도 긍정적인 사고에 대해서 역설하면서 많은 사람들에게 위로와 용기를 주고 있는 것을 볼 때 긍정적인 생각은 실패를 이기는 데 큰 힘이 된다는 것을 짐작할 수 있다. 사실 세상에 살면서 한두 번 실패를 경험하지 않은 사람들이 어디 있겠는가?

성경에 기록된 인물들만 보아도 그렇다. 구약성경의 대표적인 예로 모세를 들 수 있고, 신약성경의 대표적인 예로 베드로를 들 수 있다. 그들은 모두 재기 불능한 상태에까지 간 사람들이었다. 하지만 그들은 하나님의 도우심으로 실패를 두려워하지 않았고 굳건히 목적을 향해 나아감으로 재기에 성공할 수 있었다.

152x200 4부 무선 날개:78mm 매직칼라A 벚꽃색 1장 IP0056 4963

따라서 우리도 실패를 두려워할 것이 아니라 하나님의 도우심을 믿고 실패를 성공을 위한 경험으로 삼아 다시금 전진하고 도전하는 불굴의 의지와 긍정적인 사고력 그리고 자기의 매력을 열심히 계발한다면 반드시 성공할 것이다. 그리고 실패나 고난 뒤에 맛보는 성공의 기쁨은 실패나 고난 없이 맛보는 성공의 기쁨보다 더욱 클 것이고 안전할 것이다.

3. 절망 – 절망을 넘어 소망으로

키르케고르는 절망은 죽음에 이르는 병이라고 말했다. 성경은 "무릇 지킬 만한 그 무엇보다 네 마음을 지켜라. 생명의 근원이 이에서 나온다"고 하였다.

영국의 처칠 경이 노년에 자기 모교인 고등학교를 방문한 적이 있었다. 후배들은 제2차 세계대전의 영웅인 선배를 자랑스럽게 맞이하고자 부산을 떨었고 그의 명강의를 들으려고 노트를 준비하여 전교생이 강당에 모였다. 처칠은 옛날 자기가 공부하던 자리를 둘러보고, 그리고 강단으로 올라가더니 잔뜩 긴장하고 모인 후배들에게 단 세 마디를 남기고 내려왔다는 이야기가 있다. "포기하지 말라(Never Give up)! 포기하지 말라(Never Give up)! 포기하지 말라

(Never Give up)!” 이 강연은 가장 짧고 사람들에게 가장 큰 감동을 준 명연설로 소개되고 있다.

유대인으로 나치에 잡혀 가서 죽음의 수용소에서 죄수로 생활하며 함께 수용된 유대인의 생활을 기록한 빅터 프랭클 박사는 그의 저서 『의미를 찾는 인간의 탐색』에서 결론적으로 “마음으로 포기한 사람은 몸도 곧 쇠약해졌다. 그러나 소망을 끝까지 가진 사람은 끝까지 살아남았다”고 회고하였다. 그리고 그의 말에 의하면 “미래에 소망을 가질 뿐만 아니라 절망 속에 있는 이웃들을 도와주고 소망을 계속 갖도록 격려하던 사람들이 몸도 마음도 가장 건강한 상태에 있었다”고 한다.

빅터 프랭클 박사는 정신과 의사로 그들을 돕는 일에 대해서 수용소 동료들로부터 권유를 받고 고민하다가 그 일을 시작하면서 자신도 살고 남도 살리는 일을 경험한 것이다.

빅터 프랭클 박사의 생활이 강제 수용소에서 이루어진 일이라면 영화 「소명」의 등장인물인 강명관 선교사 부부는 한국에서의 교사 생활을 그만두고 아마존 정글의 원주민들을 돕는 삶을 선택하였다. 선교사 부부는 부족민들을 돕고 구원으로 인도하면서 삶의 의미와 보람을 누리는 사람들이다. 그들의 환경이 비록 어렵지만 밝게 웃음 짓는 그들의 얼굴에서 행복의 햇살을 엿볼 수 있었다.

사회복지관이나 요양원 등에서도 봉사하는 삶을 사는 사람들을

152x200　4부　무선　날개:78mm　매직칼라A 벗꽃색 1장　IP0056　4963

볼 수 있는데 그들의 얼굴은 미모와 상관없이 한결같이 밝고 행복해 보인다. 그래서 절망을 이기는 힘은 자신보다 어려움에 처한 사람들을 돕는 것으로 가능하리라 생각한다. 누군가를 도울 수 있다는 것, 그것은 자신이 처한 곳에서 자신이 이곳에 필요한 사람이라는 존재감을 갖게 하고 그 존재감은 자존감을 유지하게 되어 삶을 의미 있게 한다.

『마지막 강의』 저자 랜디 포시는 췌장암으로 시한부 선고를 받은 후 자신이 인생에서 남은 마지막 시간들을 의미 있게 사용하고자 강의를 계속하였다. 그리고 마지막 강의에서 가족들의 사진을 프레젠테이션으로 화면에 띄운 후 가족들에게 인사를 하고 죽을 수 있게 해 주신 하나님께 감사를 드리고 가족들에게 사랑하고 감사하다는 말을 하고 강의를 마쳤다.

우리들은 모두 언젠가는 한 번 죽는다. 그러나 사람마다 죽음을 받아들이는 마음의 자세가 제각기 다르다. 사람은 자신이 언제쯤 죽을 것인지 알게 된 경우 처음에는 큰 슬픔에 빠진다고 한다. 그러다 차츰 분노심이 일어 공격적으로 변하여 주변사람들을 힘들게 하다가 이마저도 소용없는 일이라고 생각하여 이 세상의 모든 것을 체념하고 죽음을 준비한다고 한다.

생각해 보건대 하나님께서 우리 모든 사람들에게 공평하게 주신 것들이 있는데 그중에 두 가지를 말한다면 모든 사람들에게 하루

24시간을 주셨고 한 번 태어나서 한 번 죽게 하셨다. 그러므로 우리는 어차피 한 번 왔다가 한 번 살다 가는 인생살이에서 먼저 가고 늦게 가고의 차이가 있을 뿐 언젠가 모두 죽는다는 사실을 기억해야 한다. 그래서 죽음을 염려하기보다는 인생의 시간이 얼마나 남아 있든지 간에 항상 긍정적으로 생각하면 인생은 살 만한 가치가 있다. "뷰티풀 라이프(Beautiful Life)"를 외치며 의미 있는 생활을 한다면 가치 있는 삶을 살게 될 것이다.

4. 빈곤 – 빈곤을 넘어 부유로

필자가 인천순복음교회 부교역자로 재직하던 중 IMF 경제위기 때 인천순복음교회의 지원으로 설립된 강화의 한 교회가 목회자가 교회를 그만두게 되어 문을 닫을 수도 있다는 소식을 접하게 되었는데 안타까운 마음이 들었다. 그때 나는 하나님께 그 교회를 위해서 하나님이 세우신 교회가 문 닫지 않게 해 달라고 간구했다. 그때 하나님께서 "네가 가서 목회를 해 보라"는 감동을 주셨다. 기도 후, 젊어 고생은 사서도 한다는데 내가 가지고 있는 전 재산을 들여서 목회를 해 보자는 각오를 하고 지원하였다.

그래서 1999년 신년 첫 주일에 그 교회에 부임하여 보니 중풍노인을 포함하여 5명의 노인과 몇 명의 장년 교인들이 기다리고 있었다. 교회 재정은 어려워 언젠가는 먹을 양식이 떨어져서 주일날 교인들을 대접하기 위해서 건져 놓은 국수와 열무김치를 반찬으로 해서 일주일 내내 주식으로 먹은 적도 있었는데 하루는 '하나님 저는 이제 밥도 못 먹는 신세가 되었습니다'고 원망이 들려다가 빨리 마음을 고쳐먹고 "하나님 이렇게 국수라도 먹을 수 있어서 감사합니다. 평생을 좋은 음식을 먹을 기회가 없어진 것 같은데 그래도 감사합니다. 맛있게 먹겠습니다"라고 기도하였다. 그 당시 나보다 더 어렵게 목회하는 교회의 목사들이 많았기 때문이다.

그 교회에서 3년간 목회를 하다가 본 교회로 다시 들어가게 되었고 지금은 그때보다 식사와 근무 여건도 좋아졌다. 그 교회는 연세와 경험도 많은 목회자가 후임으로 가서 교회건축도 하고 목회를 잘하고 있다.

그 당시 우리나라는 역사 이래 처음 온 IMF경제위기로 국가 경제가 어려웠던 시기였다. 국민들은 금모으기 운동을 하였고, 실업자들이 도처에 늘어나서 무료 급식소가 전국적으로 생겨나고 실업자들의 노숙이 사회문제로까지 번지게 되었다. 그때 실업자들이 예기치 못한 경제위기로 망하거나 실직하였기에 마음의 병이 들어 다시금 일할 의욕을 상실하는 게 더 큰 문제가 되었다. 아마도 포기한 삶에 익숙해지는 것이라고 생각한다.

성경을 보면 경제적으로 실패한 사람이 등장하는데 부자 아버지께 자신이 받을 유산을 미리 달라고 하여 유산을 다 팔아서 큰 도회지로 나간 작은 아들 이야기가 나온다. 그 아들은 방탕한 생활을 하면서 가진 재산을 탕진하고 무료 급식소도 없는 시대에서 먹을 것이 없어서 돼지가 먹는 쥐엄나무 열매를 품삯으로 받아먹으면서 돼지와 함께 지내는 신세가 되었다.

그는 어느 날 문득 배고픈 배를 움켜쥐고 아버지의 집에서는 품꾼들도 음식을 배부르게 먹는데 부끄럽지만 아버지께 가서 아버지 집의 품꾼으로 써 달라고 청해야겠다고 생각을 한다. 생각이 여기에 미치자 작은 아들은 한시도 주저앉아 있을 수 없었다. 그 아들은 벌떡 일어나서 아버지의 집을 향해서 걸어가기 시작했다.

한편 집 나간 아들을 기다리던 아버지는 매일같이 동구 밖까지 나가서 아들을 기다리다가 밤이 되면 집으로 돌아오곤 하였다. 그 아버지가 동구 밖까지 나가서 아들을 기다린 것은 아들에 대한 그리움만이 아니라 혹시라도 아들이 거지가 되어 동네 가까이 왔다가 창피한 생각에 발길을 돌리는 것은 아닐까, 집으로 돌아오는 길에 혹시라도 동네 사람들에게 불효자식이라고 돌팔매질이라도 당하는 것은 아닐까 하는 염려에 아들이 오면 직접 집으로 데리고 오고자 동구 밖까지 나가서 아들을 기다린 것이라고 생각된다.

그렇게 매일같이 애타게 아들이 돌아오기를 기다리던 아버지는

152x200 4부 무선 날개:78mm 매직칼라A 벚꽃색 1장 IP0056 4963

어느 날 그토록 기다리던 아들이 거지가 되어 동네로 걸어오는 것을 보게 되었다. 그때 아버지는 아들을 반가이 맞이하여 집으로 데리고 와서는 아들을 위해서 소를 잡아 마을 잔치를 베풀고 금가락지를 끼워 주고 좋은 옷을 입혀서 아들로서 당당하게 살게 하였다. 이 이야기는 이천 년 전 예수님께서 하나님 아버지의 사랑을 비유로 말씀하신 것인데 단지 우리가 세상을 살아가면서 겪을 수 있는 경제적인 실패만을 의미하는 것이 아니라 인생의 모든 실패를 포함하고 있다.

5. 죽음 — 죽음을 넘어 영생으로

사람들은 큰 고통을 겪기 전에는 위로의 중요성을 잘 못 느낀다. 그러나 예기치 않은 사건, 사고로 인해 인생의 한가운데서 슬픔이 험한 파도처럼 덮쳐 왔을 때 인간은 슬픔에 빠져서 위로받기를 바란다. 그런데 슬픔이 너무 극에 달하면 어떤 경우에는 누구에게도 위로받기를 거부하는 사람도 있다. 성경에 나오는 인물인 라헬의 경우가 그랬다. 그녀는 결혼해서 20년 동안 다른 부인과 달리 아이를 낳지 못했다. 그녀의 슬픔이 얼마나 컸던지 사람들의 위로를 거절하기까지 이르렀다. 자식을 낳지 못하는 여자의 슬픔은 인류역사

속에서 자주 등장한다.

그리고 자식을 낳았지만 자식이 부모보다 먼저 죽어서 슬픔에 빠진 사람들도 있다. 구약성경에 등장하는 다윗 왕의 경우가 그렇다. 그는 자신의 아들 압살롬이 죽자 크게 슬픔에 빠져 통곡하였다. 비록 반역을 일으킨 자식이었지만 자신의 죄과로 인해서 벌어진 일인 것을 알기에 더욱 슬퍼하였다. 신약성경에도 헤롯이 아기 예수를 죽이기 위해 베들레헴에 있는 유아들을 도살하여서 졸지에 자식을 잃은 엄마들이 슬피 울며 위로받기를 거절하였다고 한다. 인생의 문제 중 자식의 죽음만큼 커다란 슬픔이 없다고 할 수 있다. 조선의 마지막 황후인 명성황후는 자녀들을 병사 또는 유산으로 잃으면서 거의 실성할 정도에 이르렀다.

그래서 우리나라뿐만 아니라 대부분의 유교 문화권에서는 고대로부터 자식이 먼저 세상을 떠날 경우 불효자로 여겨서 장례도 삼일장을 안 치르고 되도록 간소하게 치른다. 자식의 죽음이지만 전쟁터에서 전사하는 경우 등 공익을 위해서 일하다가 죽는 경우는 예외이다.

그런데 세상에는 죽음을 두려워하지 않는 사람들이 있다. 천국에서 영원히 살 수 있는 영생을 믿기 때문이다. 그중에 대표적으로 2009년 성탄절 전날 모두가 축제에 빠져 있을 때 죽음을 두려워하지 않는 한 청년이 세계에서 가장 인권상태가 비참한 북한에 세상에서 제일 강한 사랑의 핵폭탄을 안고 들어갔다.

언론에 보도된 기사를 간추려 보면 그는 로버트 박 씨로 자신의 북한행은 자살 행위가 아니라고 언급한 후 자신의 죽음을 통해 전 세계가 북한의 현실을 주목하고, 지도자들이 개선을 위해 노력한다면 죽음이 전혀 아깝지 않다고 말했다. 그는 특히 영상에서 성탄절에 두만강을 건너는 의미를 강조했다. "북한에서 가장 추운 시기일 뿐 아니라 성탄절은 전 세계가 가장 행복을 누리는 날이지만 북한 주민들은 그것을 모른 채 어둠 속에 갇혀 있기 때문에 기쁜 소식을 알려야 한다"고 결심하게 되었다고 한다.

의로운 죽음이나 죽음을 각오한 의로운 행동은 사람들의 마음에 큰 감동을 준다. 북한의 동포들을 위해서 사랑의 핵폭탄을 안고 북한으로 들어간 청년을 볼 때 하나님께서 북한 백성들을 얼마나 사랑하고 계신가를 단적으로 알 수 있다. 북한으로 들어간 그는 초병들에게 모진 구타를 당한 후 평양으로 이송되어 성 고문까지 당하고 2월경에 북한에서 풀려났다.

북한의 언론보도는 그가 북한의 인권이 잘되어 있는 것을 모르고 불법으로 들어왔다가 이제 제대로 알고 반성하기에 풀어 준다고 했다. 그들의 말이 사실일지라도 아직 연소한 한 개인이 지구상에서 가장 폐쇄적이고 살벌한 독재국가에 들어가서 자신의 소신을 굽히지 않는다는 것은 매우 힘든 것이다. 그가 할 수 있는 한계가 거기까지였을지라도 그가 세계에 울린 북한 인권회복의 경종 하나만으로도 그는 매우 용기 있는 행동을 한 것이다. 더욱 성숙하고 노련한 인권운동가로 성장하기를 바란다. 그의 행동하는 신앙용기가 한 알의 밀알이 되어 북한을 개방하고 단계적으로 통일하는 하나님의 역사가 강하게 일어나길 소망한다.

6. 전쟁 — 전쟁을 넘어 평화로

2010년 3월 26일 천안함 사고로 많은 희생자가 발생하여 전국이 깊은 슬픔에 잠겨 애도하였다. 순국장병 대다수가 꽃다운 청춘들이었기에 그들의 죽음은 우리를 더욱 가슴 아프게 하였다. 장례식날 아빠를 부르며 검은 상복을 입고 울부짖는 여자아이의 사진을 보니 눈시울이 붉어졌다. 천안함의 폭발이 어뢰에 의한 공격으로 밝혀지면서 북한의 공격으로 판정되었다. 한반도의 진정한 평화는 우리나라 주도의 평화통일이 이루어질 때 가능하다는 것을 다시 한번 재확인한 것이다.

한반도의 평화통일이 이루어지는 그날까지 우리나라 국민들이 걸어갈 길이 멀고 험하지만 결국 한반도는 하나님의 은혜 가운데 남한 주도의 평화통일을 이루게 될 것이다. 우리는 그날을 기약하면

152x200　4부　무선　날개:78mm　매직칼라A 벗꽃색 1장　IP0056 4963

서 선진국으로 진입하기 위해 전 국민이 일치단결하여 자기의 분야에서 최선을 다해 살아야 하겠다.

7. 인터넷

현대사회는 정보화 사회이다. 한국의 정보화 사회 발달은 세계에서 유래를 찾아볼 수 없을 정도로 급속히 시행, 확대되고 있다. 일본도 미국도 한국의 정보화 사회를 따라오지 못하고 있으며 한국의 정보화 사회 장단점을 모델로 하여 자국의 정보화 사회를 구축하고 있는 실정이다.

그런데 한국에서 인터넷이 각 가정에 확산되는 과정에서 2000년대 초반 미국 외신이 다룬 한국의 정보화 사회 위험성에 관한 기사를 보았는데 세월이 흐르면서 정확한 예측이었다고 생각된다.

그 기사의 골자는 "한국은 세계에서 유래를 찾아볼 수 없을 정도로 각 가정마다 인터넷이 신속히 보급되고 있고 앞으로도 계속 확대될 전망이다. 그런데 이것은 마치 고속도로를 깔아 놓고 고속도로 교통법이 없는 것과 같이 위험하다. 왜냐하면 지금 한국에서는 인터넷을 신속히 보급하고 있지만 그에 따른 명확한 법이 마련되어 있지 않기 때문이다. 그래서 각 가정의 부부들은 불필요한 신경전을 벌이며 긴장 상태에 놓여 있게 되었다"고 하였다.

그 후 우리나라의 계속되는 신속한 인터넷 통신망 확대와 함께 사이버상에서 다양한 사고가 발생하였고 악성 댓글로 인해 일반인들뿐 아니라 연예인들과 고위직 유명인들까지 자살하는 등 사태가 심각한 지경에 이르렀다.

그런데 이런 일련의 문제 발생 원인은 인터넷 통신망 보급 초기에 인터넷 사용상의 윤리교육과 명확한 법을 제정하여 관리하지 못한 결과이다. 미국과 일본 등 주변 국가도 인터넷을 보급할 경제적·사회적 인프라가 없기 때문에 신속히 보급하지 않은 것이 아닐 것이다. 새로운 문화를 급하게 확대할 경우에 발생하게 될 문제로 국민들이 피해를 입을 것을 우려해서 인터넷 보급 속도를 적절하게 조절했다고 여겨진다.

결과적으로 그 당시 우리나라는 세계적으로 자진해서 정보화 사회 실험국가가 되었고 그 피해는 가정과 학교 그리고 사회에 미치고 있다. 늦은 감이 있지만 과거에 비해 정보통신법이 강화되고 사이버 경찰청의 기능도 강화되고 있다. 그리고 최근에는 뜻 있는 사람들이 선플운동을 전개하고 있는 것이 참으로 다행스러운 일이라고 생각된다.

필자는 성산종합사회복지관에 관장으로 취임한 후 가장 먼저 주목해서 관리한 것이 복지관 홈페이지였다. 행사 후 사진들을 게시

152x200 4부 무선 날개:78mm 매직칼라A 벗꽃색 1장 IP0056 4963

판에 잘 올리게 하였고, 행사 일정을 기록하는 달력에는 월별 스케줄을 상세하게 올리게 하였다. 그리고 각종 언론보도 자료는 그때그때 늦지 않게 올리게 하였으며 상담 및 질문이 올라오는 경우는 최대한 신속히 담당자가 확인하고 친절한 답변을 하게 하였다.

그 결과 신규직원 채용 시 지원자들로부터 홈페이지를 보고 다른 기관보다 홈페이지 관리가 잘되고 있어서 함께 일해 보고 싶어서 지원했다는 말을 자주 들었다. 홈페이지는 한 기관의 얼굴과 같다. 근래 들어서 사람들은 어느 단체를 방문하기 전에 그 단체의 홈페이지를 먼저 방문하는 경우가 증가하고 있다. 인터넷 관리가 중요시되어야 하는 이유이다.

그리고 홈페이지는 여론의 창출과 왜곡 등을 만들어 가는 공간이 되기도 한다. 그래서 인터넷을 활용하는 현대사회의 모든 단체에는 가상공간, 실제 공간이 존재한다. 가상공간을 관리하지 못하는 리더는 실제 공간도 관리하지 못할 확률이 높다. 따라서 효율적으로 인터넷을 활용하고 관리하여 단체의 성장을 위한 시너지 효과를 얻어야 한다.

8. 학교갈등

지금도 그렇지만 과거 우리나라 교육정책은 해마다 달라서 당시 내가 다니던 학교의 중앙 게시판에는 연도별로 달라지는 교육정책이 게재되어 있었는데 교육부에 대한 불신을 가지게 하는 계기가 되었다. 고교친구 중 한 명이 학교정책에 대한 불만을 편지에 적어서 교육부 장관에게 보내어 선생님들을 깜짝 놀라게 하는 사건이 발생하기도 하였다.

나는 졸업 후 그 친구가 사범대학교에 입학한다는 소식을 듣고 친구의 집을 방문한 적이 있었는데 그때 그와 나눈 대화가 기억이 난다. 그는 내게 얼마 전에 자신이 좋은 교사가 될 수 있을지 고민이 되어 산에 올라가서 한참을 생각하다가 내려온 적이 있다고 하였다.

그러면서 그는 어떻게 하면 좋은 교사가 될 수 있을까 내게 물었다. 그래서 나는 네가 좋은 선생님이 될 수 있을지 고민하면서 산에 오른 것을 보면 너는 좋은 선생님이 될 것 같다고 말하고 한 가지 말한다면 너는 선생님이 되면 학생들을 많이 사랑해 주라고 했다. 그러자 그는 자신은 그렇게 해 주고 싶은데 주변에서 혼자 잘난 척한다고 할까 봐 걱정이 된다고 하였다. 그래서 나는 그럴지라도 네가 학생들을 끊임없이 사랑해 주고 그런 너를 시기하는 사람들까지 잘 대해 준다면 언젠가는 훌륭한 선생님으로 모두가 인정하게 될 거라고 말해 준 적이 있다.

돌이켜 생각해 보건대 그렇게 교직생활을 한다는 것은 매우 어려운 일이지만 그때 나는 그 친구가 그런 선생님이 되어 주길 바랐다. 어찌 보면 내가 학교에서 선생님들에게 받지 못한 사랑에 대한 아쉬움이 있어 친구가 학생들에게 그런 선생님이 되어 주길 바랐는지도 모른다. 모든 선생님들이 사랑으로 가르치는 교사가 된다면 지금 당면한 학교문제는 많이 사라질 것이다. 그러기 위해서는 여러 가지 해결해야 할 문제들이 많다. 그 모든 문제는 학교에만 떠넘길 수 없는 것이고 국가와 학교와 가정이 함께 협력하여 문제해결을 위한 방법을 모색해 나가야 할 것이다.

내 경험에 의하면 청소년은 무엇으로든 인정받기를 원한다. 공부를 못하면 머리가 나빠서가 아니라 안 해서인 것을 보여 주려고 한다. 그것이 싸움이거나, 게임이거나, 공부 이외 다른 것으로 자신의 능력을 보여 주려고 한다. 자녀가 청소년기로 어려움을 겪고 있는가? 부모로서 인생의 선배로서 인정해 주고 격려해 주는 말을 많이 해 주어야 한다.

안타까운 것은 인정과 격려의 말을 해 주어야 할 우리나라 부모들이 자녀들과의 의사소통에 문제가 있다는 것이다. 2006년 한국청소년개발원이 한국, 일본, 독일, 스웨덴, 미국의 청소년을 대상으로 한 설문조사에서 ‘부모와의 의사소통’ 정도가 한국은 4위 또는 5위를 하였고, ‘아버지와 평소 대화를 나눈다’에서도 한국이 5위로 나타나 부모와의 의사소통이 잘 이루어지지 않고 있음을 보여 주었다.

부모와의 의사소통이 잘 이루어지지 않을 경우 부모 자녀 간의 갈등이 일어나 친구들에게 의존하게 되어 일탈행위에 빠질 확률이 높아진다. 청소년들에 대한 일탈행위 예방 및 선도를 위해 가정과 학교 교정기관에서 교육적 차원의 부모 자녀사랑 표현방법 및 증진을 위한 다양한 교육 프로그램이 실행되어야 하겠다. 무엇보다 부모가 먼저 대화를 시도해 보고 휴대전화 문자나 이메일, 카드, 편지 등을 보내면서 지속적인 관심을 표명하는 등 의사소통을 위한 노력을 기울여야 하겠다.

9. 성인갈등

성인세대는 자녀세대와 노부모세대와의 갈등이 있는 시기를 살고 있다. 서로의 유전자 50%를 공유하는 부모와 자식 간에 갈등이 존재한다면, 서로 유전적으로 아무런 연관이 없는 배우자 간의 갈등은 얼마나 심각하겠는가? 우리나라 사람들은 40대가 되면 '나는 누구인가?' 고민하게 된다.

남성의 경우 결혼해서 열심히 가족들을 위해 앞만 보고 살아오던 가장들로 40대가 되면 배우자와의 불화, 가족으로부터의 소외감, 부모에 대한 죄책감, 직장 내 인간관계의 어려움, 이혼, 별거, 과로, 실업에 대한 공포, 외로움, 불안 등으로 각종 질환에 걸려 사망률이 세계 1위이다.

여성의 경우도 시부모, 배우자, 자녀와의 갈등에서 샌드위치가 되어 갈등에 노출될 수 있는 시기이다. 특히 친정부모에 대한 죄책감이 심하다. 내가 초등학교에 입학하기 몇 해 전에 외할아버지와 외할머니가 몇 년 간격으로 차례로 돌아가셨는데 어머니의 동생들은 큰외삼촌 말고는 모두 어려서 부모 없이 살아갈 동생들을 염려하는 어머니의 마음을 조금은 느낄 수 있었다.

어느 겨울방학 때 9살 된 막내외삼촌이 집에 놀러 와서 엄마와 함께 셋이서 시장을 갔는데 엄마는 외삼촌만 신발을 사 주었다. 그때 나는 신발이 어느 정도 멀쩡하고 외삼촌이 부모 없이 큰외삼촌과 외숙모와 사니까 그렇지 하고 제법 어른스럽게 마음을 먹고 여느 때와 같이 사 달라고 떼쓰지 않았다.

그런데 겨울 방학이 되어서 인천 큰외삼촌 집에 갔더니 큰이모가 서울 기숙사에서 일을 하다가 방학 때 큰외삼촌 집에 들렀는데 막내외삼촌에게 줄 스케이트를 사 가지고 왔다. 내가 부러운 눈초리로 보니 큰이모가 "너는 네 엄마에게 사 달라고 그래" 하는 것이었다. '엄마는 외삼촌이 불쌍하다고 외삼촌에게 신발을 사 주고 큰이모는 동생이 불쌍하다고 동생에게 스케이트를 사 주니 나는 뭔가?' 하고 기분이 안 좋았는데 막내외삼촌이 스케이트를 타러 함께 가자고 하여 한번 스케이트를 타 보고는 다시 기분이 좋아졌던 추억이 있다.

오랜 세월이 지나서 노인이 된 어머니가 그 시절에 생활이 어려워서 외삼촌에게만 신발을 사준 걸 미안해 하는 말씀을 하셨다. 성인세대의 갈등은 떠나온 친정식구들에 대한 애잔한 감정과 배우자와 가족들에 대한 책임감 사이에서 모두 잘할 수 없는 여건으로 생겨나는 것이 아닐까 생각해 본다.

그리고 성인세대의 갈등은 시부모와의 갈등이 주를 이루는데 중학교 때 같은 반 친구의 집에서 발생한 사건으로 그 친구의 집에는 친구 부모님과 할머니 그리고 친구의 남동생, 다섯 명이 함께 살고 있었다. 어느 날 필자가 그 친구네 집 앞을 지나가다가 들으니 시어머니가 잔소리하는 소리가 창밖으로 들려왔다. 친구의 엄마에게 하는 잔소리인데 그 친구 엄마는 일절 말대꾸를 하지 않았다. 친구의 엄마는 전형적인 한국여성의 모습으로 조용한 사람이었다. 몇 개월이 지난 후 평소처럼 친구의 집 앞을 지나가는데 친구의 엄마가 문밖으로 뛰어나오면서 경찰서에 자수하러 간다고 소리 지르더니 동네 아랫길로 총총히 내려갔다.

내가 무슨 일이 일어났구나 생각하며 집에 들어가는데 문밖에 모인 동네 사람들이 수군대기를 며느리가 시어머니 손을 이빨로 물었다는 것이었다. 그때 나는 오랜 세월 동안 말없이 순종적으로 조신하게 살아오던 며느리가 시어머니의 시집살이를 참고 참다가 그날 크게 폭발한 것이라고 추측하였다.

그리고 모든 것이 잘 해결되기를 바랐는데 역시나 친구 엄마는

152x200   4부   무선   날개:78mm   매직칼라A 벚꽃색 1장   IP0056 4963

집으로 돌아와서 가족과 함께 조용히 잘 살았다. 이런 사례를 볼 때 여성들이 자신의 감정을 말로 표현하는 것은 살아가는 데 있어서 매우 중요하다. 하지만 과거 우리나라 사람들의 정서가 여자들이 집안에서 자기주장을 하면 집안이 안 된다고 무조건 참을 것을 종용하였다. 이렇게 억압적인 환경 속에서 생활하던 한국 여성들은 우리나라 사람들에게만 생기는 울화병을 앓게 되었다. 그런데 울화병이 우리나라 사람에게만 있는 이유는 우리나라 사람들의 성격과 깊은 관계가 있다고 한다.

한국과 중국 그리고 일본인의 성격을 분류해서 보면 한국인의 성격은 다혈질인데 유교적인 영향을 받아서 잘 참기도 하지만 언젠가는 터트리고 마는 성격이다. 그래서 터지기 전에 부글부글 끓어오르는 가슴의 화를 삭이지 못하여 울화병이 된다고 한다. 반면 중국인들은 그때그때 화를 발산해 버린다. 유교의 본고장이라고 하는 중국은 공산화된 후 문화혁명이라는 이유로 유교를 말살하는 정책을 시도하여 유교가 쇠퇴한 지 오래되었을 뿐만 아니라 공산화되기 전에도 대제국의 역사를 이어 오면서 국가든 국민이든 권력을 휘둘러 왔던 사람들이라서 그런지 화를 참지 않고 발산을 잘 한다.

일본인들은 유교문화의 영향을 받았지만 그들은 유교가 우리나라만큼 생활 전반에 영향을 끼치지는 못했다. 도리어 불교가 많은 영향을 끼쳤고 전통적으로 오랫동안 쇼군이라는 무사권력의 지배에 길들여져

왔고 어려서부터 남에게 폐를 끼쳐서는 안 된다는 교육을 받고 자라서
인지 참는 것에 익숙해져 있고 잘 삭이기 때문에 울화병이 없다.

안타까운 것은 오늘날에는 울화병이 비단 우리나라 여성들에게만
생기는 것이 아니라 남성들에게도 생겨서 가정과 직장생활의 어려
움을 토로하고 있는 것이다. 이런 문제의 해결책으로 우리나라 사람
들은 위트와 재치를 가지고 슬기롭게 말할 줄 아는 기술과 자신의
화난 감정을 상대방에게 적절하게 표현하는 방법을 익혀야 한다.

그런데 사람이 살아가면서 자신에게 해를 입힌 사람들을 용서하
는 것은 참으로 어려운 일이다. 그 용서해야 할 대상자가 배우자일
경우에는 더욱 어렵게 느껴지는 경우도 있다. 대체적으로 아내는
남편의 외도와 폭력 때문에 고통받는 경우가 많다.

서진규 박사가 미군에 입대한 동기가 남편의 폭력에 대한 대항으
로 남편을 죽이고 싶은 분노를 억제하기 어렵다는 생각에 하나의
도피처로 삼았다는 것을 볼 때 미뤄 짐작할 수 있다. 그런데 「남성
의 전화」 등 상담전화 통계에 의하면 요즘에는 아내의 외도 또는
집안에서의 소외, 폭언과 신체적 학대로 인해 고통받는 남편들이
늘어가고 있다고 한다. 이런 가정에서 발생하는 부부간의 문제는
해결하기가 매우 어려운 것이 사실이다.

폴링 교수는 부부문제의 해답으로 용서를 제시하였다. 그는 용서
가 기독신앙의 핵심임에도 불구하고 실천하기 어려운 덕목이기 때

152x200 4부 무선 날개:78mm 매직칼라A 벚꽃색 1장 IP0056 4963

문에 많은 크리스천이 어려움을 경험한다고 보고 궁극적인 용서는 하나님이 주시는 용서이니 하나님께서 용서해 주시길 기도하라고 권면한다. 그리고 부부갈등에 있어서 용서는 참으로 어려운 일이지만 용서를 경험하면 자유의 문이 열리고 사랑을 받아 본 사람이 사랑할 수 있듯 하나님으로부터 진정한 용서를 경험한 사람만이 용서와 화해를 경험할 수 있다고 하였다.

10. 지역갈등

우리민족은 삼한시대로 시작하여 고조선과 삼국시대를 거치고 고려와 조선 왕조로 이어오다가 일본에게 망한 후 해방되었지만 남한과 북한으로 갈라져서 이국시대가 되었다. 그런데 투표 때만 보면 우리나라는 과거의 삼국시대 중 두 나라가 존재하는 것 같다. 이렇게 된 원인은 무엇일까? 역사적으로 규명해보자.

우리민족의 조상들은 인류사를 통해 살펴보면 매우 영특한 사람들이었다. 문화적으로도 찬란한 문화를 꽃 피웠고, 윤리적으로 고귀한 품성과 기품이 있는 평화를 추구하는 기상이 높고 정열적인 사람들이었다. 문화가 찬란하고 사람들이 우수하여 훌륭한 나라를 이루고 주변 나라의 사람들에게 위상을 떨치는 그런 민족이었다.

그래서 우리나라가 문화강국이 되기를 소망하였고 남, 북한의 화합을 도모하다가 순국한 김구 선생은 오늘날 우리민족 구성원들에게 시사하는 의미가 큰 인물이다. 따라서 김구 선생을 존경하는 사람들은 그들의 삶속에서 화해와 소통을 위한 노력과 열매가 있어야 한다.

한 나라의 단합은 양보 없이는 이루어질 수 없다. 양보는 대국적이고 미래지향적이다. 서로가 양보하고 배려한다면 모든 것이 다 잘될 것이다. 의사소통이 없는 사회와 국가는 쇠퇴할 수 밖에 없다는 것을 인류역사는 잘 증명해주고 있다. 소통이 없는 대립은 함께 망하는 결과를 초래하기 때문이다. 우리는 폭력과 투쟁이 아닌 대화를 통한 문제해결 방법을 터득하는 선진국민이 되어야 한다.

현재 우리나라는 여, 야가 4대강 개발을 두고 찬반양론으로 첨예하게 대립하고 있다. 야당은 4대강 개발을 반대하는 이유로 환경을 파괴하고 강을 죽이는 것이며 서민들에게 쓸 예산이 삭감되기 때문이라고 한다. 반면 정부와 여당은 우리나라의 건설업은 세계적인 수준으로 얼마든지 친환경적으로 강을 개발할 수 있고 대도시에 있는 한강같이 시멘트로 포장하듯이 개발하는 것이 아니라고 한다.

필자는 대학교 1학년이었던 1986년 여름 어느날 오후 같은 학교 여학생과 안양도로를 걷다가 우연히 다다른 안양천 둔치 한쪽에 앉아서 이야기를 나눈 적이 있었다. 그런데 당시 안양천 주변에는 쓰레기들이 널려 있고 하천을 흐르는 물은 폐수도 그런 폐수가 없었다. 나는 그곳을 보고 속으로 안양천이 개발되어 맑은 물과 좋은 환

152x200   4부   무선   날개:78mm   매직칼라A 벚꽃색 1장   IP0056 4963

경으로 변화시켜 달라고 하나님께 기도를 드렸다.

그리고 세월이 흘러 군대 제대 후 어느날 안양천에 가보니 깨끗하게 잘 정돈된 제방 아래로 맑은 물이 흐르고 있고 하천 상류에는 시민들이 삼삼오오 모여서 맑은 물에 발을 담그고 물장구도 치고, 가족과 함께 텐트를 치고 야영도 하면서 행복한 시간을 보내고 있었다. 하천 하류의 둔치는 주민들을 위한 주차장 등의 편의시설이 잘 조성되어 있었다.

이런 현상들을 종합해서 볼 때 4대강 개발은 수질개선과 사람들의 접근성을 용이롭게 하여 세계에서 많은 관광객들이 한국으로 오게 할 것이다. 단, 인공적인 섬과 같은 것은 절대 만들지 않아야 한다. 가능한 자연의 원형을 간직하면서 접근성과 휴식성이 고루 갖추어져 사람들이 편리하게 자연을 누릴 수 있는 공간으로 만들어야 하겠다. 북한강과 거제도, 외도가 하나의 모델이다.

과거 우리나라는 70년대부터 산마다 나무를 심어서 오늘날의 울창한 삼림을 조성하게 되었다. 필자도 식목일에 초등학교 프로그램의 일환으로 선생님의 지시에 따라서 온 학우들과 함께 어린나무 한그루씩 가지고 홍수로 쓸려나간 호암산 중턱에 올라가서 땅을 파서 나무를 심고 흙을 덮은 후 잘 밟아서 튼튼하게 자라도록 한 적이 있다.

20여 년이 지난 후 그 산에 가보니 산림이 울창하고 시원스럽게 잘 조성되어 있었다. 그 산에 있는 나무들 중에는 내가 심은 나무도 분명히 있을 것이다. 담임선생님의 지시대로 잘 심었기 때문이다. 산림조성이 가치가 있는 것은 홍수를 막아주고 맑은 공기를 공급해주며 철따라 단비를 내리게 한다. 그 결과 풍작을 가져오는 역할을 한다. 오늘날 우리나라의 풍족은 그냥 이루어진 것이 아니다. 온 국민이 열심히 나무를 심어서 얻어진 결과이다.

그러나 그 당시 북한은 나무를 베어 팔아서 인민들에게 양식으로 나누어 주었다. 한마디로 선심정치를 한 것이다. 그래서 김일성과 김정일 정권은 부자 세습으로 아직까지 정권을 유지하며 부귀영화를 누리고 있지만 인민들은 홍수와 가뭄으로 해마다 농사를 망치고, 지금은 먹을 양식을 얻기 위해서 목숨을 걸고 압록강을 건너고 있다. 여자들은 몸을 팔거나 인신매매를 당하고 있다. 과거 일제시대 때 중국인들에게 겪은 수치를 다시 겪고 있다. 김동리의 소설『감자』를 기억해보라. 나는 그 소설을 읽고 중국인들에게 당한 우리민족의 설움에 치를 떨은 적이 있다.

결국 나눔은 성장과 발전을 통한 나눔이어야 한다. 오늘날 우리 세대가 편하게 잘먹고 잘살다가 우리 자녀세대와 그 자녀의 다음세대들이 빈곤과 고통 속에서 허덕이게 할 수는 없는 것이다. 우리의 부모님들은 수많은 역경 속에서도 수제비와 국수를 먹으면서도 나무를 심었다. 나무를 심지 말고 밥을 달라고 말하지 않았다. 박정희

152x200   4부   무선   날개:78mm   매직칼라A 벚꽃색 1장   IP0056 4963

전 대통령이 서거하여 나눔의 단계로 나아가지 못한 것이 안타깝고, 육영수 여사를 죽게 만들어 박정희 전 대통령을 개인적으로 방황하게 만든 공산주의 사상을 가진 문세광이 한심할 뿐이다.

현재 시행되고 있는 4대강 개발은 사회간접자본을 만드는 국가정책 산업이다. 일각에서는 4대강 개발에 들어갈 예산을 가지고 서민지원과 공공돌보미 등의 일자리 창출을 하자는 사람들은 근시안적인 발상을 하는 사람들이다. 건설경기가 살아야 나라의 경기가 살아나는 것은 기본 경제지식이다. 나라 경제가 살면 공공 돌보미 등의 일자리도 많이 창출할 수 있다. 하지만 경제가 무너지면 공공 돌보미 등의 일자리는 예산이 부족해서 만들고 싶어도 만들 수 없게 된다.

필자는 20대 후반에 잠시동안 한양건설 아파트 현장과 토목공사 현장사무소에서 근무한적이 있었다. 그 때 산본 아파트 현장의 경우 노동자들이 많게는 7백여 명까지 현장에서 근무하였고 그들의 출근현황을 조사하는 것이 나의 주요 임무였다. 건설현장에 출근하는 사람들은 빈곤한 사람들이 많았다. 그들은 건설경기가 활성화되면 경제적으로 안정적이었고 국가의 경제도 안정적이었다. 2008년 0.2% 성장이었던 우리나라의 경제가 4대강 개발이 시작되면서 8% 성장하였다는 통계는 시사하는 의미가 크다고 하겠다.

루스벨트는 대공황시기에 뉴딜정책으로 테네시 강유역 개발공사를 설립하였다. 이것은 이 지역의 발전과 치수관개용의 다목적댐을 건설하여 종합적인 지역개발을 실행하려는 것으로서, 정부에 의한 전력 생산사업이라는 점에서도 획기적인 정책이었다. 그 결과 대공황을 극복하고 오늘날의 미국을 만드는 기반을 마련하였다.

2008년 가을경, 필자가 근무하고 있는 성산종합사회복지관에서 직원연수를 가는 중에 섬진강 옆으로 난 드라이브 코스를 차로 달리다가 경치가 수려한 강에 매료되어 차를 멈추고 강 주변으로 내려가 보았지만 접근성에 한계가 있었다. 조심스럽게 함께 간 직원들과 강가로 내려가 보았지만 길은 험했고 강둑이 위로 올라와 있어서 가까이 갈 수 없어 멀직히 바라보는 것으로 만족할 수 밖에 없었다. 다른 데서 온 사람들도 삼삼오오 몰려다녔지만 우리와 마찬가지였다. 도로변에 올라온 후 커피를 마시고 싶어서 주위를 둘러보니 천막으로 싸맨 가건물 상점은 문을 열지 않았고 옆에 놓여 있는 좌판기도 고장이었다.

나는 그때 섬진강이 한강같이 전반적인 개발은 하면 안 되겠지만 북한강 정도로 개발을 하면 좋을 텐데 왜 안 할가? 하는 생각을 한 적이 있었다. 잘만 개발하면 우리나라 사람들만이 아니라 세계에서 여러 나라 사람들이 찾아와서 관광수입도 늘고 일자리 창출도 증가하여 지역경제도 살고 국가경제도 살 텐데 하며…… 그런데 그 후 섬진강은 아니지만 한강, 금강, 낙동강, 영산강을 정부에서 개발하고 있으니 국가의 미래와 자라나고 있는 세대를 위해서 다행스러운

152x200 4부 무선 날개:78mm 매직칼라A 벚꽃색 1장 IP0056 4963

일이라고 생각한다.

6월 17일자 조선일보에 김문수 도지사의 인터뷰를 보니 "4대강 개발은 지역사람들은 대부분 찬성하는데 외부 사람들이 몰려와서 반대하고 있다"는 기사가 실렸다. 영산강의 예를 보아도 강바닥이 썩어서 수질이 죽어가고 있다고 하니 개발을 반대할 이유가 없는 것이다. 따라서 국가가 친환경적인 방법을 통하여 사회간접자본으로 개발을 하면 건설경기 향상과 관광산업의 발달로 지역경제는 살아나고 꾸준히 일자리도 창출될 것이다. 그리고 그 혜택은 서민들에게 돌아갈 것이다.

과거 박정희 정권시절 경부고속도로건설, 정유산업, 조선산업의 육성은 당시 서민을 위한다는 야당의 비웃음거리였다. 그러나 그때 세워진 정유산업과 조선산업으로 오늘날 우리나라 국민들이 많은 혜택을 누리고 있다. 안타까운 것은 이 같은 혜택을 누리고 있으면서도 자기가 현재 누리고 있는 혜택이 입 서비스만 하는 사람들이 아닌 현장을 누비면서 일터에서 고되게 일한 사람들의 노고로 이루어졌다는 사실을 간과하고 있다. 예산을 절적하게 사용하지 않는 것을 방지하는 것은 중요한 일이지만 생산성을 가로 막으면서까지 무작정 국가 예산을 서민들에게 나누려고 하는 사람들은 장기적으로 서민들을 해롭게 하는 사람들이다. 나중에는 나눌 것이 없게 되기 때문이다.

결론적으로 우리는 화해와 일치를 위한 소통의 장을 마련해서 서

로 의견을 조율하고 건설적인 방향으로 조국의 발전을 도모해 나가
야 한다. 화합을 목적한 의사소통의 노력 없이 자행되는 배척과 투
쟁은 우리나라를 위하는 사람들이라면 절대로 할 수 있는 일이 아
니다. 우리가 나라를 위한 건설적인 방향으로 화합을 도모할 때 우
리나라는 선진국이 될 것이고, 경제가 크게 성장하여 북한도 흡수
통일할 만한 엄청난 역량을 갖게 될 것이다.

11. 종교갈등

우리가 성공적인 인생을 살기 위해서는 급변하고 있는 세상을 바
로 알아야 한다. 세상을 제대로 알아야 세상을 살아가기 위한 인생
의 설계도를 그릴 수 있다. 많은 사람들이 하루하루 살아가기에 급
급해서 인생 전체에 대한 설계를 하지 못하고 살아가는 경우가 많
다. 그 결과는 시행착오와 돌이킬 수 없는 실패의 원인이 되기도 한
다. 현대 세상을 알기 위해서는 우리는 세상에 나타나고 있는 가장
큰 문제를 살펴보아야 한다. 우리들에게 가장 큰 이슈로 다가오는
것은 무엇인가? 그것은 전쟁이다.

인류의 역사를 보면 크고 작은 전쟁이 수없이 일어났다. 세계의
전쟁사를 보면 대표적으로 등장하는 나라들이 있다. 로마, 영국, 중

국, 독일, 소련, 일본, 미국, 한국, 북한 등. 하지만 전쟁은 아직도 계속되고 있다. 20세기 말과 21세기 초에 일어난 전쟁만 보더라도 이라크의 쿠웨이트 침공, 걸프전, 이라크전, 체첸전, 아프카니스탄전, 이스라엘과 팔레스타인 분쟁 등 다양한 충돌이 계속되고 있다.

그런데 현대전의 양상은 이념 전쟁이 아닌 경제이익을 위한 경제전쟁이라고 보는 경우가 많다. 그런데 그 이면(裏面)을 자세히 살펴보면 원인이 종교갈등에서 폭발하고 있고 이런 갈등을 이용한 정치·경제적 이익집단의 욕심에서 비롯된다는 것을 볼 수 있다.

어찌되었든 전쟁이 터지면 우리는 거실에서 혹은 방에서 간식을 먹으면서 마치 SF물 영화를 보듯이 생방송으로 전쟁 상황을 지켜보고 있다. 필자도 걸프전과 이라크전을 TV로 시청하였는데 마치 처참한 전투라기보다는 밤하늘에 화려한 불꽃놀이를 하는 것처럼 보일 정도로 다양한 각도에서 다양한 기술로 전 세계에 생생하게 보도하고 있었다. 그렇다면 이런 전쟁에 빌미가 되는 소스를 제공하는 종교갈등은 왜 일어나는 것일까? 종교갈등을 막을 수 있는 방법은 없는가? 세상을 알기 위한 하나의 방법으로 알아볼 필요가 있다.

세계에는 4대 종교가 있다. 기독교, 불교, 유교, 회교이다. 그리고 한 종교를 더하면 힌두교이다. 이 다섯 종교 중 역사적으로 가장 마찰이 심한 종교가 기독교와 회교이다. 중세시대 십자군전쟁으로 잘 증명되고 있다. 회교는 마호메트로부터 시작된 기독교와의 종교전쟁을 통해서 성장해 온 종교라고 해도 과언이 아닐 것이다. 두 종교의 신관을 보면 기독교와 회교는 유일신관이고 유교와 힌두교는 다신관이다. 불교는 철학적 무신관이다.

유일신관을 가진 두 종교의 조상은 아브라함이다. 아브라함은 본처 사라에게서 이삭을, 첩 하갈에게서 이스마엘을 낳았다. 그리고 그의 후손들은 오늘날까지 화해보다는 전쟁을 하고 있다. 기독교와 회교는 같은 유일신을 섬기지만 예수 그리스도가 구세주라는 것에 대해서는 입장이 다르다. 기독교는 예수님을 구주로 믿는 반면 회교는 예수님을 선지자로 여기므로 구원을 받지 못한다. 문화적으로도 구약의 율법은 같지만 모세오경 이후 다른 종교문화를 가지고 있다.

그런데 모든 종교는 서로 다른 문화적 환경과 전통을 가지고 성장·발전하였기에 단순히 종교적 관념 이상의 삶 자체인 경우가 많다. 그래서 서로 다른 종교를 가지고 있는 사람들은 서로의 다름을 이해하는 것이 필요하다. 더불어 인간이기에 서로 공감하는 같은 부분이 있다는 것을 파악해야 한다. 서로 다름을 이해하면서 서로에게 같은 부분을 통해서 일치감을 가지고 존중한다면 종교적 갈등은 많이 해소될 것이다. 종교는 사람의 연약한 부분을 극복하고자 하는 몸부림이라는 것을 생각할 때 연약한 인간에 대해 서로가 긍휼히 여기는 마음을 가지고 도움을 주는 배려가 있어야 할 것이다.

인도 콜카타에서 젊음을 바치면서 행려병자와 죽음을 앞둔 말기

152x200   4부   무선   날개:78mm   매직칼라A 벗꽃색 1장   IP0056 4963

병자들을 돌보다가 소천한 마더 테레사는 그녀의 삶을 통해서 예수님을 증명하였고 그녀가 죽은 후 힌두교 국가인 인도에서 국장으로 장례를 치르며 애도하는 것을 볼 때 인간의 무조건적인 희생이 얼마나 가치 있고 아름다우며 종교를 떠나서 사람들에게 감동을 준다는 것을 알 수가 있다.

나는 마더 테레사의 운명을 전하는 소식을 집에서 뉴스를 통해 듣고 곧바로 무릎을 꿇고 하나님께 그녀의 영원한 안식을 기원하는 기도를 드릴 때 눈에서 눈물이 글썽였다. 한 번도 만나 보지 못한 여인이지만 그녀의 숭고한 삶을 『마더 테레사』라는 책을 보고 감명을 받았기에 그녀가 세상을 떠나는 것은 마치 이 땅에 사는 약자와 병으로 버려져서 고통당하는 사람들의 어머니가 세상을 떠나는 것과 같은 이별의 슬픔을 느꼈다.

이 같은 감정은 단지 필자만의 감정은 아니었으리라 본다. 그날 마더 테레사의 죽음을 전해 들은 세계의 많은 사람들이 느낀 감정이었으리라. 그녀의 삶은 예수님의 사랑을 실천하였기에 빛을 발한 것이다. 예수 그리스도께서 우리들에게 보여 주신 사랑은 완전한 사랑이었다.

성경은 "사랑은 모든 허물을 덮으며 모든 것의 완성이다"라고 말한다. 우리가 사랑을 실천할 때 다양한 갈등과 슬픔을 극복할 수 있고 강하고 담대한 희망을 가지고 행동할 수 있다.

152x200   4부   무선   날개:78mm   매직칼라A 벗꽃색 1장   IP0056 4963

제 2 부

희망으로 행동하라

152x200   4부   무선   날개:78mm   매직칼라A 벚꽃색 1장   IP0056 4963

희망으로 행동하고자 하는 사람은 자기 자신을 알아야 한다. 그런데 우리 현대인들은 자기를 아는 데 매우 취약한 환경에 놓여 있다. 자기 자신에 대해 깊이 생각하는 시간을 갖기에는 너무 많은 것들이 사람들의 시선을 끌기 때문이다. 그런데 우리는 남에 대해서는 필요 이상으로 많이 알려고 하는 경우도 있다. 이제 한 번쯤 조용한 시간을 갖고 자기를 바로 알아가는 시간을 가져 보자.

1. 자기 알기

한때 세간에서 가짜 박사학위문제로 세상을 소란케 한 여인이 강의를 할 때 "나는 누구인가?"라는 질문을 던지고 강의를 진행했고,

명강사라는 소문이 자자하였다. 사람들은 외모나 언변으로 그녀를 판단하여 존중하였다고 한다. 하지만 자신을 알지 못하는 사람이 남에게 자신을 알라고 한다는 것은 어불성설이다.

대학을 나오지 않았지만 본의 아니게 유명 대학교를 나온 것처럼 활동한 모 학원 강사는 가짜인 것이 들킬까 봐 진짜보다 더 노력해서 강의를 준비했다고 한다. 그리고 언제나 마음이 편치 않았고 자신의 학력을 공개한 후 마음의 평화를 얻었다고 한다.

2010년 새해 벽두부터 우리나라 젊은 남성들에게 희망을 준 김혜수, 유해진 커플의 연애소식이 있었다. 그 후 몇 주 뒤에 김혜수 씨의 미니홈피에 키르케고르의 "사람에게 가장 중요한 것은 내가 무엇을 위하여 살고 무엇을 위하여 죽어야 하는지를 정확하게 아는 것이다"라는 글이 올려졌다.

키르케고르는 내가 대학 다닐 때 가장 좋아했던 실존주의 철학자로 그는 저서 『이것이냐 저것이냐』에서 인간의 삶을 세 단계로 나누어 설명하였다.

첫 번째 삶의 단계를 미적(美的) 단계로 보았다. 그는 이 단계에서 인간은 감각적 쾌락을 좇아 사는데 감각적 쾌락만을 좇는 삶의 결과는 권태와 절망뿐으로 이런 쾌락으로 인간은 결코 행복해질 수 없다고 보았다.

이 사실을 깨달은 사람은 두 번째 단계인 윤리적 단계에 따른 삶

152x200   4부   무선   날개:78mm   매직칼라A 벚꽃색 1장   IP0056 4963

을 살게 되는데 쾌락만을 좇아 무비판적으로 사는 것이 아니라 인간으로서 지켜야 하는 보편적 가치와 윤리에 따라 생활한다고 보았다. 이 단계에서 인간은 비로소 스스로 책임지는 삶을 살게 되는데 윤리적 한계를 느끼게 되고 죄의 문제를 해결하지 못하는 연약한 존재인 것을 깨닫게 된다. 또한 언젠가는 죽을 수밖에 없는 인간실존을 인식하게 되어 윤리적 인간으로 살아간다 할지라도 언젠가는 파멸하고 말 것이라는 불안에서 벗어날 수 없다고 보았다.

그래서 인간은 이 단계에서 절망하게 되는데 절망 가운데서 다음 단계로 나아가게 된다고 한다. 바로 종교적 단계이다. 그는 인간은 이 세 번째 단계에서 비로소 인간다운 삶을 살 수 있다고 보았다. 그는 인간이 신을 믿고 살아갈 때에 신으로부터 죄의 문제를 해결받고 인간으로서의 절망감을 극복하고 안정적이고 완성된 삶을 살 수 있다고 하였다.

그러나 사람들은 자신이 윤리적인 삶을 살지 못하는 것을 환경에서 찾으며 항상 변명하기에 키르케고르는 사람들에게 신은 당신의 모든 것을 알고 있으니 신 앞에 단독자로 서서 더 이상 변명하지 말고 자기를 점검하고 최선을 다해 노력하면서 살라고 한다.

사람들은 이같이 완성적인 삶을 살아가는 데 모델이 되거나 도움을 줄 수 있는 멘토가 될 사람을 찾는다. 하지만 사람들이 멘토로 따를 사람을 만나는 경우가 쉽지 않고 멘토가 될 만한 사람들도 아무나 멘티로 삼지 않는다. 그래서 사람들은 그런 인물들을 간접적으로 만나는 방법으로 독서를 선택하는 경우가 많다. 양서를 통해서 역사적으로 검증된 인물들을 통해 자신을 점검하고 알아 가는 것이다. 이제부터 필자가 소개하는 검증된 인물들의 핵심사상을 통해서 자신을 점검하고 자신이 누구인가를 알아가는 시간을 가져 보기 바란다.

1) 세상을 알기 전에 나를 알아야 한다

나는 누구인가? 인간은 의식의 초점을 자신에게 맞추고 자기를 인식하는 자의식이 있기에 자신이 누구인지 알고 싶어 한다. 빅클룬트는 인간의 자의식을 공적 자의식과 사적 자의식으로 나누었다. 공적 자의식이 높은 사람은 남들이 자신을 어떻게 평가하고 보는지에 신경을 많이 쓰기 때문에 유행, 외모 등에 관심이 많다.

그리고 체면과 눈치를 많이 보기 때문에 태도와 행동이 일치하지 않은 경우가 많다. 그에 비해 사적 자의식이 높은 사람은 혼자 있기를 좋아하고 자기 내면의 감정, 의견에 매우 민감하고 자신에게 좀 더 충실하려는 경향이 있어 태도와 행동이 상당히 일치하다고 한다.

이런 이론을 근거로 해서 볼 때 먼저 사적 자의식을 통한 자신의 존재 가치를 알고 자신의 내면을 강화하는 사람이 자기를 사랑할 수 있고 타인을 사랑할 수 있을 것이다. 농업사회에서는 내가 누구

152x200　4부　무선　날개:78mm　매직칼라A 벚꽃색 1장　IP0056　4963

인지를 아는 것은 그리 어렵지 않았다. 그러나 개인주의와 핵가족화된 사회에서 살고 있는 현대인들은 나에 대한 정체성을 확립하는 것이 그리 쉽지 않다. 이러한 현상은 비단 우리나라만이 아닌 전 세계적인 현상이다.

2009년도 행복지수에서는 1인당 국민소득이 6,500달러인 중남미 국가 코스타리카가 1위를 차지했다. 코스타리카는 아름다운 자연과 다양한 생물종을 갖췄을 뿐 아니라 환경보호와 재생에너지 활용 등이 좋은 평가를 받았다고 한다. 반면 자신의 삶이 불행하다고 여기는 나라의 사람들은 세계에서 경제적으로 잘사는 나라인 유럽과 미국이 차지했다. 유럽과 미국의 노인들은 사회복지가 잘되어 있는데도 외로워하고 자살률이 높다. 그래서 사회복지사나 성직자들이 주로 하는 일이 외로운 노인들의 이야기를 들어 주고 대화하는 일이라고 한다.

이런 조사를 통해 볼 때 코스타리카 국민이 행복지수가 높은 것은 농경사회가 주는 공동체적 삶을 통해서 가능한 것이라고 본다. 가난하지만 공동체가 살아 있는 곳에서는 무엇보다 자신이 누구인가에 대한 존재감을 느끼게 해 주는 가족과 친지 그리고 이웃들이 있기 때문이다.

자연의 하나인 물도 좋은 말을 해 주고 아름다운 음악을 들려주면 결정체가 아름다운 모습으로 변한다. 그래서 러시아의 한 도시에서는 정수장에서 클래식 음악을 24시간 틀면서 물을 정수하기도 한다. 이러한 현상은 식물들에게도 나타난다. 나무나 꽃을 보고 좋은 말을 해 주고 아름다운 음악을 들려주면 싱싱하게 잘 자란다. 하물며 말을 하고 말을 알아듣는 사람은 어떻겠는가? 가족과 이웃들로부터 사랑이 가득 담긴 격려와 지지 그리고 진심 어린 충고를 들으면서 자라는 아이들은 자기 정체성을 바르고 확실하게 정립하며 성장할 것이다.

안타까운 것은 우리나라의 공동체 의식은 이제 시골에서나 찾아볼 수 있는데 그 시골마저 모두 고령인구가 되어 옛날과 같은 다양한 연령층의 공동체가 아닌 노인들만의 마을 공동체가 생겨나고 있다. 노인들만의 마을공동체는 세계에서 유래를 찾아볼 수 없는 우리나라에서만 나타나는 현상으로 예전처럼 논밭에 나가서 할 일도 없고, 혼자 앉아서 TV를 보는 것도 무료하고 하여 마을회관에 함께 모여서 밥도 해 먹고 대화도 나누는 등 생활을 하고 있다.

하지만 행복의 가치척도는 보는 사람마다 다를 수가 있기에 후진국의 생활이 선진국가나 선진국 진입에 다가서고 있는 나라, 때론 중진국이라고 하는 국민들에게 부러움의 대상이 되지는 못하고 있다. 국민 대다수가 가난함을 평등적 행복감으로 여겨 무지에 의한 불행둔감 현상으로 보기도 하기 때문이다.

따라서 이상적으로 행복한 나라는 기본적으로 가족과 지지자들의

152x200 4부 무선 날개:78mm 매직칼라A 벚꽃색 1장 IP0056 4963

지원이 있으면서 물질적인 풍요와 수준 높은 문화와 교육 환경이 실현되는 것이다. 그런데 애석하게도 현재 우리나라는 후진국도 선진국도 아닌 어정쩡한 상태로 지내 온 지가 수십 년이다.

그래서 한 개인이 받는 고통과 시련은 더욱 클 수밖에 없다. 그 결과 자살률은 세계 1위이고, 이혼율도 세계 2위를 하고 있다. 더욱이 2008년에 터진 미국 월가의 금융위기는 실업자 100만 명의 시대를 만들어 우리들의 삶을 더욱 힘들게 하고 있다. 그러한 어려움이 젊은이들에게 더욱 팽배해져서 2009년 들어서부터 얼마 전까지 아름다운 강원도에서 젊은이들의 동반자살이 늘어 사람들을 안타깝게 했다. 아마도 젊은이들이 산수가 아름답고 사람 사는 인정이 살아 있는 곳에서 한 많은 세상을 떠나는 것은 상처 난 마음에 조금이나마 위안을 삼고자 한 것이 아닐까?

이런 현상을 막기 위해서라도 과거 정(情) 문화가 넘실대던 우리나라의 잃어 버린 정 마을을 회복시켜 나가야 하겠다. 인정이 넘쳐나고 온 이웃이 슬픔과 기쁨을 함께 나누며 어른을 공경하고 아이들을 자기 자식처럼 위하는 그런 마을, 동네 사람들이 서로 호형호제하며 웃음꽃을 피우는 그런 마을이 그리운 것은 나만의 그리움은 아닐 것이다.

나는 가난하지만 따뜻한 인정이 넘치는 산동네에서 어린 시절을 보냈다. 내가 5살 때 아버지께서 사업에 실패하신 후 우리 가족은 서울 시흥2동 호암산 아래 자리 잡은 산동네로 이사 오게 되었다. 그 당시 시흥2동의 산동네는 서울지역 홍수로 집을 잃은 사람들이 사는 곳이라고 하여 수재민촌으로 불리기도 했다. 부모님은 그 동네에 땅을 사서 일자형 벽돌집을 지으시고 검정 누빙으로 지붕을 덮으셨다. 처음에는 두 칸짜리 집이었는데 생활이 어려워지면서 방과 부엌을 한 칸씩 늘려 지어 총 네 칸짜리 집을 지으셨다.

요즘으로 말하면 일자형 원룸을 짓고 임대해서 세입자로부터 월세비를 받아서 생활비에 보탠 것이다. 언젠가는 돈이 없어서 걱정하는 엄마가 한숨을 쉬면서 "옆집에서 밀린 월세비만 주면 걱정이 없는데" 하는 소리를 들었다. 그 말을 옆에서 들은 나는 엄마에게 "옆집 아줌마에게 달라고 하면 되지 않느냐"고 물었더니 "그 집은 우리 집보다 더 어려운 집이다"라고 말씀하셨다. 세월이 흘러 필자가 성인이 되어서 들어보니 옆집에 살던 가족은 몇 달간 밀린 월세비를 내지 않고 다른 마을로 이사를 갔지만 부모님은 월세비를 받지 않았고 도리어 그동안 받았던 월세비를 모아서 방을 얻게 해주었다는 말을 들을 수 있었다. 또한 일 년간의 월세비를 모아서 전세방을 얻어준 가족도 2가구가 있었다고 한다. 그러면서 어머니는 예수님을 믿고 살아보려고 애썼는데 너희들이 어려서 고생을 많이 했다고 하였다. 어머니 옆에서 아버지께서 묵묵히 듣고 계셨다.

그렇게 가난하지만 인정이 있는 동네에서 살던 어느 날 아버지와

152x200   4부   무선   날개:78mm   매직칼라A 벚꽃색 1장   IP0056 4963

엄마는 맞벌이를 하시러 직장에 나가셨고 나는 누나와 함께 밥을 먹기 위해 국을 덥혀 방으로 올라가는 계단을 오르다가 그만 넘어져서 이마가 깨지고 피가 흘렀다. 놀란 누나가 울면서 집 밖으로 나가서 동네 사람들에게 동생을 도와 달라고 외치자 동네 어른들이 소리를 듣고 오셨는데 그분들 중 앞집에 사는 친구의 아버지가 이마를 담뱃잎으로 눌러서 지혈을 시켜 주시고 괜찮다고 안정을 시켜 주었다.

성인이 되어서 그날 일을 생각해 보니 어렸을 때 처음으로 겪은 어려움을 통해서 이웃의 정을 느끼게 된 것이 참으로 다행이었다. 이 경험은 나로 하여금 사람에 대한 신뢰감을 갖게 하였고 어려울 때는 함께하는 사람들이 있다는 믿음을 갖게 하였다. 그런데 요즘 우리나라 아이들의 실상은 어떠한가? 어려움을 당할 때에 얼마나 이웃들의 도움을 받고 있는가? 이웃들로부터 받는 따뜻한 경험은 얼마나 될까? 우리나라 현실은 60년대에 비해서 너무나 많은 차이가 있다.

1970년대 중반까지 우리나라는 방글라데시나 아프리카의 여러 나라들 못지않게 못사는 나라였다. 값싼 노동력과 저임금으로 경제를 성장시켜 나가는 어려운 시절이었다. 그래도 그때 그 시절의 사람들은 이웃 간의 정으로 모든 어려움들을 극복해 나갔다고 생각한다. 당시 우리나라는 쌀이 부족하여 정부가 나서서 보리밥을 권장하기에까지 이르렀고 초등학교에서는 "복남이네 집에서 아침을 먹네, 보리밥 먹는 사람은 신체가 건강해"라는 동요를 불렀다. 그리고 점심시간이면 반마다 교실에서는 학교 선생님들이 보리밥 검사를 했다.

그러던 어느 날 나는 엄마와 누나와 같이 아침을 먹고 있는데 윗집에 사는 선미 누나가 하얀색 교복을 입고 집 문을 열고 천사처럼 밝게 웃으며 들어섰다. 당시 나는 선미 누나네는 부잣집이라고 들었는데 그 누나가 우리 집에 오니 무척 반가웠다. 그런데 그 누나가 온 이유를 듣고 나를 비롯해서 엄마와 누나의 얼굴이 순간 굳어졌다.

선미 누나가 우리 집에 온 이유는 쌀밥으로 싼 도시락 위에 보리밥을 얹어 달라고 온 것이었다. 그래도 엄마는 빨리 표정을 바꾸고 아무런 내색도 안 하고 미소를 지으면서 보리밥을 퍼서 선미 누나가 손에 들고 온 하얀 쌀밥이 담긴 도시락 위에 덮어 주었다. 그 일을 생각하면 한편으로는 쓸쓸하기도 하지만 그 정도로 이웃 간에 허물없이 왕래했던 정이 그립다.

현재 우리나라는 산업화, 정보화, 도시화 등으로 다변화하고 정이 메말라 가는 환경 속에서 살기에 전통사회보다 자기를 알아 가는 것은 힘겹고 어렵다. 그러나 성공적인 인생을 살고자 원하는 사람은 반드시 해결해야 할 과제이다.

152x200   4부   무선   날개:78mm   매직칼라A 벚꽃색 1장   IP0056 4963

2) 자신을 올바르게 알게 될 때 얻게 되는 유익

우리가 자기를 바로 알 때 가장 귀한 유익은 자신의 존재감에서부터 삶의 의욕을 얻을 수 있다. 마치 올림픽에서 달리기 경주에 나선 국가대표 선수가 출발점 앞에서 갖는 의욕이라고 할 수 있다. 즉 대한민국의 국가대표가 되어 경기를 앞둔 선수는 자신만을 위해서 뛰는 것이 아니라 국가와 국민 그리고 가족을 위해서 뛴다는 사명감이 있다. 그래서 베를린 올림픽 마라톤 경기에서 우승한 손기정 선수는 시상대 위에 섰을 때 월계수 잎으로 일장기를 가리고 고개를 숙였다. 그는 훗날 회고하기를 "일장기가 달린 선수복을 입고 출전하는 줄 알았다면 올림픽에 참석하지 않았을 것이다"라고 말하였다.

2009년도에 우리나라 야구 대표팀이 WBC에 출전할 때 많은 감독들이 기피했던 대표팀 감독을 맡은 김인식 감독이 "국가가 있어야 야구도 있다"고 한 말의 의미를 되새겨 보아야 한다. 그때 김인식 감독은 뇌경색 후유증으로 몸이 불편한 상태였지만 나라를 위해 감독이 되었고 큰 활약을 하여 우리나라 야구를 세계에 알리고 대한민국의 가치를 한층 높였다.

미국의 48대 대통령 오바마는 흑인과 백인의 혼혈아로 태어나서 순수 백인 혈통인 외조모부의 돌봄을 받으며 자랐다. 그는 청소년 시절에 외할머니가 외할아버지에게 버스 정류장에서 구걸하던 사람이 흑인이기 때문에 버스를 타러 가기가 무섭다고 하는 말을 우연히 듣고 괴로워하다가 불량 청소년이 되어 마약에 손을 대기까지 했다. 그런 그가 훗날 아버지의 고향인 케냐를 방문하여 그곳에서 자신을 따뜻하게 맞아 주는 이복형제와 친할머니 그리고 친지들의 환대와 사랑을 받았고 어릴 때 단 한 번 만났던 자신의 아버지가 케냐의 발전을 위해 항거하면서 올바르게 살다가 죽은 것을 알게 되었다. 그는 그곳에서 자신의 뿌리를 찾고 자존감을 회복하여 이전보다 더 높은 이상을 향한 각오를 새롭게 하였다.

우리나라에서도 추성훈, 데니스 강 그리고 한국을 찾고 있는 해외 입양아였던 사람들을 보면서 자기의 뿌리를 아는 것이 무엇보다 중요하다는 것을 알 수 있다. 그런데 우리는 더욱 근원적인 자기를 발견할 수 있어야 한다.

성경은 더욱 근원적인 나를 알고자 하는 사람들에게 명확하게 그 길을 제시해 주고 있다. 곧 인간은 하나님께서 창조하셨다는 것이다. 반면 창조론의 반대는 진화론인데 이 학설은 직선적으로 잘못되었다는 것이 정설이다. 게엘렌은 우리가 사람을 무엇으로 이해하느냐에 따라서 우리 삶의 하나하나의 결단이 달라질 것이고, 그것은 또한 삶의 과제를 밝히는 데도 큰 영향을 준다고 창조론에 의미를 두고 있다.

창조론은 하나님께서 인간을 창조하셨고 하나님의 섭리 가운데서

152x200   4부   무선   날개:78mm   매직칼라A 벚꽃색 1장   IP0056 4963

인간은 인간에서 인간으로 발전되어 왔다는 것이다. 그래서 사람은 태어난 종족과 나라와 가문에서 뿌리를 찾을 수 있고 그것을 통해 자신의 정체성을 확립시켜 나갈 수 있다. 이것은 일반적이고 보편적인 자기를 아는 것이다.

우리는 일반적이고 보편적인 자기를 아는 것에서 더 나아가 인간 실존적 자기를 아는 단계까지 도달해야 한다. 성경은 인간의 실존에 대해서 잘 증명하고 있다. 구약성경 창세기에는 인간은 아담과 하와가 선악과를 따 먹은 결과로 태어날 때부터 죄가 유전되어 죄인으로 태어난다고 한다. 하지만 예수님께서는 인류역사상 처녀의 몸에 성령으로 잉태되어 죄의 유전이 없이 세상에 태어나셨다. 처녀의 몸에 잉태되는 것이 가능한가에 대해서 현대의학의 발전을 보면 예상 가능하다.

현대의학은 과거에는 상상도 할 수 없었던 기적과 같은 일을 만들어 내었다. 시험관 아기, 복제양, 복제개 등이다. 윤리적 문제로 아직 실현되지는 못했지만 복제인간도 만들 수 있다고 한다. 인간의 능력이 이 정도라면 하나님이 동정녀 마리아의 몸에 아기를 잉태시키는 것은 인간이 시험관 아기를 만드는 것보다 쉬운 일이다. 동정녀의 몸에서 나신 예수님께서 이 땅에 오신 목적은 아담의 범죄로 죽게 된 사람들의 죄를 대속하시기 위해 대속 제물로 오신 것이다. 한 사람(아담)의 범죄(원죄)로 온 인류가 죄인이 되었는데 마찬가지로 한 사람(예수)의 속죄로 온 인류의 원죄와 원죄의 영향으로 짓게 되는 자범죄까지 모두 대속한 것이다.

그래서 자신을 대신하여 예수님께서 십자가에 달려 죽으시고 무덤에서 부활하신 구세주이심을 믿을 때 하나님으로부터 원죄에 대한 사함을 받고 구원을 받아 하나님의 자녀가 되어 다음과 같은 믿음을 갖게 된다. 자신이 창조된 목적은 하나님의 영광을 위함이고, 하나님을 영화롭게 할 때 자기의 존재 가치가 빛난다는 사실을 알게 된다. 또한 자신이 죽으면 천국에 가서 눈물 없고 고통 없는 곳에서 하나님을 찬양하며 영원히 살 수 있다는 사실을 믿게 된다. 이처럼 사람은 예수 그리스도에 대한 신앙이 있을 때 삶이 안정되고 어떤 어려움도 신앙의 힘으로 극복해 나갈 수 있다.

나는 신앙의 힘이 얼마나 위대한가를 군대에서 크게 체험할 수 있었다. 우리나라는 징병제이기에 성인이 된 남자라면 건강에 이상이 없는 한 누구나 군대에 입대한다. 나는 군대에서 포대군종(군전도사)으로 이등병 때부터 병장으로 전역하기 몇 달 전까지 사역을 했다. 그때 내가 사역한 교회는 한탄강 옆에 빨간 벽돌로 지어진 사랑리교회였다.

그곳에서 군인들을 위한 수요일 저녁예배와 주일 낮과 저녁예배가 있었는데 나는 수요일 저녁과 주일 하루를 그 교회에서 지냈다. 예배 시간에 졸병들이 거의 많은 수를 차지하여서 주일은 평균 약

152x200　4부　무선　날개:78mm　매직칼라A 벚꽃색 1장　IP0056　4963

300여 명, 수요일은 100여 명이 모여 함께 예배를 드렸다.

　군대생활에 지친 병사들은 교회에서 졸기도 하면서 심리적인 안정을 찾고 돌아가곤 하였던 기억이 난다. 성탄절이 가까워 오는 12월에는 몇 주 전부터 군종들이 모여서 성극연습을 하다가 크리스마스 전야가 되면 각 포대에서, 멀리는 30분 정도 걸어서 온 장병들을 대상으로 성극공연을 하였고 레크리에이션 등으로 모두 함께 즐거운 시간을 보냈다. 그리고 교회에서 준비한 칡차, 백설기, 귤 등을 맛있게 먹은 군인들이 각자의 포대로 돌아가면 군종들은 각 포대를 방문하여 새벽송을 불렀다.

　본부포대를 시작으로 알파, 브라보, 차리포대 행정실 앞에서 새벽송을 하고 "기쁘다 구주 오셨네", "메리크리스마스"를 외치면 행정실에서 행정병들이 미리 준비한 과자를 들고 나와서 메리크리스마스 인사를 나누는 은혜로운 시간이었다.

　겨울이 지나고 따뜻한 봄날이 되었을 때 부대장님의 지시에 의해 이등병 환영회 및 감사예배가 있었다. 교회 안에 대대 장교들과 이등병들이 입추의 여지없이 자리에 앉아 있었다. 필자는 그때 상병계급장을 달고 이등병들에게 설교하였는데 그 시간에 그들에게 한 설교 중에 생각나는 내용으로 "지금의 군대 환경이 변하기를 바라지 말라. 군대 환경은 그리 쉽게 변화지 않는다. 앞으로 군대는 발전적으로 계속 변화되겠지만 여러분의 군생활 동안에 여러분이 바라는 대로 전부 이뤄지지는 않을 것이다. 그러나 주님의 도우심을 바라면서 자신이 군대의 어떠한 환경도 극복할 수 있는 강한 사람으로 변화되기에 힘써라. 그러면 성공적인 군대 생활을 할 수 있을 것이다"라고 말 하였다.

예배가 끝난 후 초급 장교가 다가오더니 은혜가 되었다고 말을 건넸다. 집 떠나온 대한의 아들들은 사병이든 장교이든 마음이 외롭고 몸이 고된 것은 마찬가지이기에 아무리 장교이지만 신입 장교도 사병들 못지않게 외롭고 힘들었을 것이라 생각한다.

신앙은 계급이나 돈, 학벌, 집안의 배경으로 얻을 수 있는 것이 아니기 때문에 더욱 가치가 있다. 누구나 신앙을 가질 수 있고 누구나 기도할 수 있으며 누구나 성경을 볼 수 있고 그 말씀을 생명의 말씀으로 믿고 실천할 수 있다. 그래서 가능성이 무한히 열려 있고, 죽은 후에는 천국이 보장되어 있기에 죽음도 두려워하지 않는다.

나는 군대생활이 평탄치 않았다. 22세에 동갑내기 여성과 결혼을 하고 2박 3일간 신혼여행을 다녀왔다. 신혼여행을 다녀온 다음 날 아침 필자는 군입대하기 위해서 아침 일찍 일어나 동네에 있는 이발소에 가서 머리를 짧게 깎고 집으로 돌아와서 부모님과 함께 집을 나섰다. 입대 한 주 전에 군 입대 통지서를 받은 필자에게 어머니는 "지금까지는 성심교회를 위해서 일했는데 이제부터는 나라를 위해서 일하는 것이다" 하며 격려해 주셨다. 부모님과 같이 부대로

152x200　4부　무선　날개:78mm　매직칼라A 벚꽃색 1장　IP0056　4963

가기 위해서 집을 나서는 필자를 22살 어린 아내는 집 밖 길모퉁이까지 따라 나와서 눈물을 흘리며 배웅해 주었다.

의정부에 도착하여 부모님과 함께 306보충대 앞에 있는 식당에 들어가서 부모님이 사 주시는 부대찌개를 처음 먹었는데 맛도 있고 음식 이름이 의미가 있다고 생각했다. 식사를 마치고 보충대에 들어서니 여기저기서 입대하는 훈련병들을 부르는 호루라기 소리가 울려 퍼지고 있었다. 그곳으로 가기 위해서 부모님께 웃으면서 인사를 드리는데 어머니보다 아버지께서 눈물을 글썽이시면서 "잘 지내라"고 말씀하시는데 나는 그토록 강하신 아버지가 왜 저러시는지 이상하기도 하고 마음 한편이 뭉클했다.

아버지는 해군에서 복무하고 전역한 경험으로 졸병 시절의 고통을 너무나 잘 알고 있었기 때문에 그러셨다는 것을 훈련소에 입소한 후 바로 알게 되었다. 고된 6주간의 훈련소 생활을 마치고 1월 중순경에 전곡에 소재한 자대에 배치되어 자대 생활을 하던 중 어느 날 나는 일과를 마치고 지친 몸으로 잠을 자기 위해 침상에 누워 있을 때 딸의 출산소식을 육군상사를 통해 전해 들었다. 그날 밤은 아빠가 되었다는 기쁨으로 군대에 입대해서 처음으로 행복하게 단잠을 잤다.

자대에 배치되어 생활하던 어느 날 포대 연병장에서 훈련 중 잠시 휴식을 취하는 동안 하나님께 한 가지 소원을 기도했다. 추워도 좋고, 배고파도 좋고, 어떠한 고생도 달게 받겠으니 대신 주일만큼 이라도 교회에서 생활하게 해 달라는 기도였다. 육체적인 고통보다 영적 생활을 할 수 없는 것이 너무 답답하게 느껴져서 한 기도였다.

그러나 그 기도는 빨리 응답되지 않았고 훈련소 퇴소식을 알리는 우편물이 하루 늦게 집에 도착해서 신병훈련소 퇴소식에 가족의 면회도 받지 못한 채 시작된 자대에서의 생활은 일부 고참들의 구타와 질타가 더해져 심신이 지쳐 있는 나에게는 괴로운 나날이었다.

그러던 어느 날 나는 군대생활에 대한 막막함에 자살할 생각으로 부대 의무소에 들러 약을 타서 모으기 시작했다. 긴 세월을 견디어 나가기가 너무 힘들게 느껴졌고 살아갈 의욕이 떨어져서 자살할 마음을 먹었던 것이다. 며칠째 되던 날 나는 우연히 분대 관물대를 청소하던 중 바로 위 고참의 세면 백 속에 무척 많은 약이 들어 있는 것을 발견하고 그 약을 훔쳐서 아주 많은 양의 약을 확보했다.

그날 밤 나는 모은 약을 먹고 자면 조용히 죽을 것이라고 생각하고 있는데 일직 하사가 내무반에 들어와서 수요예배가 있다고 종교행사에 갈 병사들은 연병장으로 모이라고 하였다.

그래서 나는 약을 먹고 죽더라도 수요예배는 드리고 와서 결행하기로 하고 포대에서 15분간 걸어가면 당도하는 대대교회에 도착해서 예배를 드리게 되었다. 찬양을 부르고 설교시간이 되자 대대군종이 강단에 나와서 설교를 하기 시작했는데 그 설교의 핵심은 자살은 하나님께서 원치 않는 것이고 부모님께 불효하는 것이니 자살하지 말라는 것이었다. 설교를 듣던 나는 깜짝 놀랐다. 그리고 하나님께서 내게 들으라고 하시는 말씀이라고 생각되어 "그래 조금 더 참고 지내보자. 그래도 힘들면 그때 죽는 게 낫겠다"라고 마음을 먹었다.

다음 날 아침 해는 동터 오고 나는 아침 6시에 어김없이 연병장에 서 있었다. 나로서는 연병장에 서 있는 그 자체가 비극이었다. '왜 내가 여기에 와서 이 고생을 하는가?' 군입대 전 '주여! 군복음화를 위해서 저를 사용해 주십시오' 하고 군복음화를 위해서 내가 간다며 파이팅을 외치고 온 자신감은 어디 가고 찬란하게 내리쬐는 햇볕도 도리어 잔인하게 느껴지는 그런 나날이었다. 찬란한 햇빛이 잔인하게 느껴진 이유는 그 찬란한 햇빛을 사회에서와 같이 누릴 수 없기 때문이었다.

그러던 어느 날 나는 꿈을 꾸게 되었는데 팔목까지만 보이는 하얀 손이 공중에 나타나서 숫자 7을 적더니 다음 장면으로 내 주민등록증을 보여 주는 꿈이었다. 필자는 그 꿈이 아마도 7일 후에 내가 휴가를 가는 것이라고 생각하게 되었다. 아니나 다를까 인사계가 필자를 부르더니 6일 후에 출산 청원휴가를 보낼 것이라고 하였다.

그런데 며칠 후 전곡지역에 강한 태풍이 불기 시작했다. 그리고 부대 전체적으로 휴가가 하루 연기되었다고 하였다. 그리고 꿈꾼

날로부터 정확히 7일 후에 이등병으로서 청원 휴가를 가게 되었다. 나중에 알게 된 일인데 그 당시 이등병이 7일간의 휴가를 가는 것은 매우 어려운 일이었다고 한다. 전에는 하나님이 멀리 느껴졌는데 군대생활을 하면서 어려움 속에서 하나님이 마치 당신의 손으로 내 얼굴을 쓰다듬어 주시듯이 아주 가깝고 친밀하게 느껴졌다.

감사한 것은 세월이 흘러 어느덧 상병이 되었을 때 다량의 약을 소유하고 있었던 그 고참이 병원에 장기간 입원한 후에 돌아와서 군대생활이 너무 괴로워서 힘들어 죽을 지경이라고 하면서 이등병 때는 "군생활이 너무 힘들어서 자살할 생각으로 약을 모으고 있다가 어느 날 밤 약을 먹고 죽으려고 세면 백을 열어 보니 약이 전부 없어져서 하나님께서 자살하지 말라는 것"으로 받아들이고 죽지 않고 견뎌 왔는데 그때 못지않게 지금도 너무 힘들다면서 군종인 내게 손을 내밀면서 자신을 위해서 기도해 달라고 부탁했다.

나는 두 손을 잡고 뜨겁게 기도해 준 후에 하나님께서 도와주실 것이니 힘내라고 위로하여 주었다. 그 고참은 그 후 어려움을 잘 이겨 내고 무사히 제대하여 열심히 직장생활을 하고 있는 모습을 볼 수 있었다. 로마서 8장 23절과같이 하나님을 사랑하는 자 그의 뜻대로 부르심을 받은 자에게 모든 것이 합력하여 선을 이루시는 하나님의 은혜와 사랑을 받은 것이다.

그때 당시 나와 그 고참은 군대생활 중 자살을 생각하고 실행에

152x200   4부   무선   날개:78mm   매직칼라A 벚꽃색 1장   IP0056 4963

옮기고자 한 원인이 현실의 고통과 오래도록 지속될 미래에 대한 불안 등으로 급성 우울증이 왔기 때문이라고 생각된다. 사람들은 자신의 힘으로 어찌할 수 없는 오랜 세월 동안 계속될 고통에 대한 예상과 그 고통으로부터의 도피로 자살을 선택하는 경우가 있다.

현재 우리나라는 일반인들뿐 아니라 연예인과 고위 정치인들까지 많은 사람들이 우울증으로 생사를 달리하고 있다. 우울증의 원인 중 하나로 '인간은 누구나 다 죽어야 한다는 죽음에 대한 두려움'이 있다. 과거에 우리나라 사람들은 하루하루 먹고 살아가는 것이 힘 들어서 먼 미래까지 걱정할 여유가 없었다. 그런데 경제가 성장하 여 과학의 혜택을 다양하게 누리게 되면서 편안하고 안락한 생활로 인해 미래에 대해 걱정하는 불안감이 커지게 되었다.

반면 정신적인 인간관계는 문명의 혜택과 반비례하여 정 문화가 사라져 가고 있어서 자신의 고민을 터놓고 이야기할 수 있는 친구 들도 적어지고, 친구들이 있다고 해도 서로 사는 것이 바빠서 만나 는 것이 점점 어려워지고 있다. 호주의 한 연구에 의하면 친구가 많 으면 우울증이 걸릴 확률이 적어진다는 결과가 나왔다. 한국인의 자살률이 이제 세계 1위이라는 것을 생각해 볼 때 이제라도 우리나 라는 친구관계 중요성을 다시금 재인식하고 서로 돕는 이웃 간의 정을 회복해야 한다.

2. 자기 다듬기

1) 시간은 생명이다

외국영화 제목 「흐르는 강물처럼」같이 우리에게 주어진 하루하루 시간은 강물처럼 흘러간다. 중학교 1학년 봄에 한참 급우들과 함께 교실 청소를 하고 있는데 안경을 쓰고 양복을 입으신 전형적인 교육자 스타일의 교장 선생님이 복도 청소를 하고 있는 우리들에게 다가오더니 한 친구의 귀를 덥석 잡고 "타임 이즈?(Time is?)"라고 질문하였다. 그리고 답변을 못 하는 친구의 귀를 익살스럽게 잡아당기시면서 "골드(Gold)"라고 일러 주었다.

그리고 시간이 흘러 가을이 되었다. 그날도 나는 급우들과 함께 청소를 하고 있었는데 전과 같이 교장 선생님께서 복도 청소를 하고 있는 우리들에게 다가오시더니 인사를 하는 한 친구의 양쪽 귀를 덥석 잡고 그때처럼 "Time is?" 라고 질문하였다. 그 친구는 들은바가 있어서 자신 있게 큰소리로 "Gold"라고 말하였다. 그런데 그전과 같이 교장 선생님은 잡은 귀를 아래로 익살스럽게 당기시면서 "바뀌었어. 라이프(Life)야"라고 말씀하셨고, 거기에 있던 우리들은 한바탕 웃었다. 그 후 내가 성인이 되어 연세가 80이 넘으신 교장 선생님을 만나 뵙게 되었는데 고령임에도 불구하고 안양대학교 명예총장으로 왕성하게 사회활동을 하는 모습을 보고 시간을 생명같이

152x200 4부 무선 날개:78mm 매직칼라A 벚꽃색 1장 IP0056 4963

여기며 하루하루를 충실히 사시는 것을 알 수가 있었다.

성경 전도서에 보면 "한 세대는 가고 또 한 세대가 온다"고 하였다. 지금 그분은 고인이 되셨지만 그분의 아들이 대학총장이 되어 대학을 잘 운영하고 관리하는 것을 보면 실감 가는 성경구절이다. 지구상에 인간이 존재하면서부터 역사적으로 한 세대가 살다가 한 세대가 가고 또 다른 한 세대가 와서 살다가 떠나가기를 계속하고 있다. 이것이 의미하는 바는 우리의 인생은 유한하다는 것이다. 우리는 이 유한한 인생을 가치 있게 살기 위해서 시간을 생명같이 여겨야 한다.

2) 건강을 유지하라

건강을 조금이라도 잃어 본 사람들은 인간이 행복하게 살아가는 데 있어서 가장 중요한 요소로 건강을 꼽는다. 그런데 대부분의 건강한 사람들은 건강의 중요성을 잘 알지 못하고 살아간다. 최근 한 연구조사에 의하면 우리나라의 40, 50대 층에서 혈관성 치매가 증가하고 있다고 한다. 원인은 비만과 운동부족으로 나왔다.

과거 우리나라에서는 점심시간이 되면 학교와 기업 등 여러 기관에서 국민체조 시작 하나, 둘, 셋, 넷 선율에 맞춰 체조를 하였다. 그런데 민주화 바람이 불면서 어느 때인가부터 학교와 기업에 변화가 찾아왔고 강제성이 있다는 이유로 국민체조가 점차 사회에서 사라져

갔다. 그러다가 새천년이 되어서 국민건강증진에 대한 관심이 증가
하면서 새천년 국민체조가 만들어져서 사회에 보급되었다. 유럽국가
중에 프랑스는 국민들의 건강증진을 위해서 체력단련을 권장하는 홍
보와 지원을 아끼지 않고 있다. 체력이 국력이라는 말은 어느 나라나
통감하는 것 같다. 우리나라도 국가적 차원에서 다양한 방법으로 국
민의 건강증진을 위한 홍보 및 지원이 활성화되기를 바란다.

3) 습관을 바꿔라

사람은 인지적 동물이다. 사람은 태어날 때부터 혼자 일어서는
것만이 아니라 말을 인지하는 능력을 소유하고 있다. 또한 일정한
행동을 지속적으로 할 수 있다.

그런데 인간의 행동에 가장 큰 영향을 주는 것이 습관이다. 조용
기 목사는 서울에서 개척교회를 하였는데 교인이 적어 심방 갈 시
간이 남는 것을 허송하지 않고 하루 10시간 이상 기도하는 습관으
로 세계제일의 교회를 목회하였다. 또한 목회를 하면서 틈틈이 혼
자 해외에 나가서 프랑스의 공원 등에서 복음을 전하던 선교의 습
관으로 세계에서 가장 큰 규모의 성회를 온 세계를 다니며 인도하
는 복음전파자가 되었고, 단일교회로는 가장 많은 선교사들을 온
세계에 파송하고 지원하는 결실을 맺었다.

인천순복음교회 최성규 목사는 6·25전쟁으로 아버지와 두 분의

작은 아버지를 잃고 성실함만이 밑천이라고 가르쳐 주신 어머니 덕에 곁길로 빠지지 않고 겨우 중학교를 졸업한 채 외할아버지의 고된 농사일을 거들어야 했다. 그러던 중 서울로 상경할 기회를 얻게 되었는데 시골의 어머니와 동생의 부양을 책임지기 위해 청소년 때부터 서울에 단신으로 올라와 생활전선에 뛰어들었고 서울에 소재한 무허가 작은 화장품 공장에서 성실하게 근무하면서 공부하여 대학을 졸업하였다.

그리고 그동안의 경험을 바탕으로 31세에 회사 사장이 되었다. 최성규 목사는 세상에서 부지런히 일하던 습관으로 영혼구원과 사회복지 및 사회변화를 위해 열심히 사역하여 오늘날의 큰 교회를 이루고 우리나라의 나아갈 방향을 제시하는 목회를 하고 있다. 명성교회 김삼환 목사는 어려서부터 새벽이면 매일같이 시골교회 새벽종을 치는 봉사를 하였다고 한다. 그때부터 몸에 밴 부지런함과 새벽기도의 습관으로 새벽예배를 통해서 오늘날의 큰 교회를 이루고 한국교회를 위해 다양한 사업을 도모하고 있다.

사무엘 스마일스는 "생각을 심으면 행동을 거두고, 행동을 심으면 습관을 거두고, 습관을 심으면 성품을 거두고, 성품을 심으면 운명을 거둔다"고 하였다. 이와 같이 습관은 미래의 성공을 보장하는 씨앗이 된다고 할 수 있다.

그런데 습관은 비단 자신만이 아니라 타인에게도 영향을 미치게 된다. 기부를 즐겨하던 빌 게이츠의 부인은 빌 게이츠를 만나서 기부에 별 관심이 없던 빌 게이츠를 기부에 관심을 갖고 기부하는 습관을 기르도록 내조하였다. 그 결과 남편을 세상에서 가장 많이 기부하는 사람으로 만들었다. 아이러니한 것은 빌 게이츠의 아버지가 아들에게 기부의 중요성을 조언하였을 때는 듣지 않았는데 아내의 말을 듣고 실행하였다는 것이다. 아마도 노후 대책은 모든 나라에서 중요시되고 있는 것 같다.

빌 게이츠가 재단을 만들어서 기부에 앞장서고 있을 때 워런 버핏은 빌 게이츠가 설립한 재단에 3조 원을 기부했다. 어느 사람이 그에게 자신이 설립한 재단도 있는데 왜 빌 게이츠가 운영하는 재단에 기부금을 기부하였는지를 물었다. 그때 워런 버핏은 자기는 돈 버는 데는 재능이 많은데 돈을 쓰는 데는 재능이 부족하고 빌 게이츠는 기부금을 너무나 잘 효율적으로 사용하기에 그의 재단에 기부했다고 하였다. 아름다운 습관을 가진 사람들의 아름다운 동행이라고 생각한다.

그런데 우리는 새로운 습관을 가지기 위해서 노력하다가 어느 정도 올바른 습관을 형성하게 되었을 때 변화된 자신의 모습이 낯설게 느껴져서 원래의 부족한 모습으로 돌아가기도 한다. 이런 경우는 그 사람 안에 새로운 습관이 확고히 뿌리내리지 못한 것도 있지만 새로워진 자신을 익숙하게 받아들이지 못하기 때문이다. 따라서

152x200 4부 무선 날개:78mm 매직칼라A 벚꽃색 1장 IP0056 4963

새로운 습관을 형성하게 되었다면 새롭게 변화된 자신을 마음으로 확실히 받아들여야 하며 나아가 무의식에 이르기까지 올바른 습관이 형성되도록 노력해야 한다.

4) 꿈꾸는 자가 되라

꿈을 영어로 'Vision'이라고 한다. 많은 사람들이 꿈을 가지고 살다가 성인이 되면서 꿈을 잃어 버리고 흔히 말하기를 나도 어릴 적에는 꿈이 컸다고 말한다. 사람들이 꿈을 잃어 버리는 것은 자신의 현실이 꿈을 이루기에는 너무나 벅차기 때문일 수 있다. 그러나 진정 꿈을 잃어 버리는 원인은 꿈꾸는 것 자체가 먹고살기에도 힘든 세상에서 내게는 한낱 부질없는 짓이라고 처음부터 간과해 버리기 때문이다.

그리고 꿈이라는 것은 세상을 알지 못하는 어릴 적에나 갖는 것이라고 폄하할 수도 있다. 그러나 꿈은 어릴 적에만 가져야 하는 것이 아니다. 사람들은 잠을 잘 때 어릴 적뿐만 아니라 성인이 되어서도 꿈을 꾼다. 마찬가지로 현실 세계에서도 꿈꾸는 사람이 되어야 한다. 꿈꾸는 사람이 현명하고 행복한 사람이다. 꿈은 희망이기 때문이다.

빅터 프랭클은 아우슈비츠 죽음의 수용소에서 살아남아 고향으로 돌아가야 한다는 꿈을 꾸었다. 아침마다 유대인들을 모아 놓은 수용소 마당에 독일장교가 나와서 건강하게 보이는 사람은 작업장으로 보내고 건강해 보이지 않는 사람들은 가스실로 보냈다고 한다. 그래서 프랭클은 건강해 보이기 위해 깨진 병조각을 주어서 매일같이 시퍼렇게 수염을 밀며 삶의 의지를 불태웠다. 하지만 어떤 사람들은 삶을 포기하고 아침에 거친 침상에서 일어나지 않았다고 한다. 교도관들이 들어와서 일어나라고 외치며 몽둥이로 잔인하게 구타해도 똥오줌을 싸면서 미동도 하지 않고 죽어 갔다고 한다.

그러나 꿈을 간직한 그는 그 수용소에서 해방을 맞았다. 그 후 그는 "내일에 대한 꿈이 있는 사람은 어떠한 역경 가운데서도 삶에 대한 강한 의지로 모든 역경을 극복할 수 있었다"고 회고했다.

5) 과정을 즐겨라

꿈을 꾸되 발은 땅에 붙어 있어야 하고 작은 것부터 실천해 나가야 한다. 그리고 꿈을 이루어 가는 과정을 즐길 줄 알아야 한다. 여행을 가려고 한다면 그 여행을 가기 위해 준비하는 과정이 설레고 행복한 것을 경험해 보았다면 꿈을 이루기 위한 과정도 그와 같다. 자기의 인생에서 가야 할 목표를 정하고 그 과정을 즐겨야 한다. 성공한 사람들은 성공을 이루기 위해서 했던 모든 일을 즐겼다고 한다. 고통이라고 생각하기보다는 즐기다 보니 성공에 이르렀다고 한다. 결과와 상관없이 과정은 좋은 것이다. 그 성공을 위해 살아가는

152x200   4부   무선   날개:78mm   매직칼라A 벚꽃색 1장   IP0056 4963

것 자체가 행복이다.

6) 작은 것부터 실천하라

우리나라의 옛날이야기에 임금이 될 태몽을 소유한 한 소년이 있었는데 그 소년은 태몽만을 믿고 아무 일도 하지 않고 무위도식하다가 결국 아무것도 되지 못하였다는 이야기가 있다. 큰 꿈이 있다면 그 꿈이 이뤄지기까지의 실천이 있어야 한다. 요즘은 다양한 사회가 되어서 어떤 아이가 대성할지 짐작하기 어려워졌다. 빌 게이츠의 경우를 보더라도 그는 컴퓨터에 몰두하였는데 그의 아버지는 그가 학교 공부 하기를 원했다고 한다. 그러나 말을 듣지 않고 컴퓨터에 몰두하는 반항적인 아들을 나중에는 참견하지 않았다고 한다. 그러나 빌 게이츠는 대학에 들어가서 공부하던 중 대학을 중퇴하고 컴퓨터 회사를 차려서 운영했는데 결과는 대성공이었다고 한다.

그의 아버지는 빌 게이츠가 이렇게 성공할 줄은 꿈에도 생각하지 못했다고 하였다. 자기가 잘하는 것을 찾아서 계발하고 열심히 노력하는 것이 중요하다. 처음부터 다 잘할 수는 없기에 작은 것부터 시작해야 한다. 우리나라의 옛 속담에 "천 리 길도 한 걸음부터"이고 "시작이 반이다"라는 말이 있다. 늦었다고 생각할 때가 가장 빠른 때이다. 이제 작은 것부터 실천하자. 지금처럼 독서하는 것도 하나의 실천이라고 할 수 있다.

7) 가치 있는 생각을 하라

빅터 프랭클은 히틀러의 수용소에서 고문과 학대를 받았으나 훗날 "간수들은 나에게 고문하고 음식을 주지 않을 수 있었다. 그러나 그들은 내 생각을 결코 통제할 수 없었다"고 말했다. 그래서 그는 죽음의 수용소에서도 자신의 존재가치를 생각하고 활기차게 생활할 수 있었다고 한다. 가치 있는 생각이 얼마나 귀중한 것인가를 실증적으로 보여주고 있는 사례이다.

나는 가난한 집에서 태어났는데 세상에 태어나서 첫 기억은 방 안에서 나를 바라보시던 아버지의 얼굴이다. 두 번째로 기억하는 것은 캄캄한 밤하늘에 보석같이 빛나던 별들이다. 그 장면은 하나의 사건이 계기가 되었다. 나는 아버지와 함께 방 안에 있었는데 밖에서 부스럭거리는 소리가 들린다고 말씀드렸더니 아버지가 창문을 열고 누가 있는지 보라고 하시어 살며시 창문을 열어 밖을 보는 순간 수많은 별들이 캄캄한 밤하늘에서 영롱하게 반짝반짝거리면서 빛나고 있었다. 밤하늘 별의 수만큼 수많은 시간이 흘러갔다. 우주에 흐르는 은하수처럼……

가치 있는 것을 생각하는 데 있어서 지나온 추억만큼 귀한 것이 없을 것이다. 내가 태어난 60년대 중후반은 국민 모두가 힘들게 살던 시절이었다. 아버지는 서울역 근처 빌딩에 사무실을 내고 사업을 하시다가 실패한 후 서울 변두리 산동네로 이사를 왔다. 그곳에

152x200 4부 무선 날개:78mm 매직칼라A 벚꽃색 1장 IP0056 4963

서 나는 초등학교 4학년까지 어린 시절 대부분을 보내게 되었다.

그 동네에는 모두 사연이 있는 사람들이 모여 살았다. 나는 동네 친구들과 한 살 아래 후배들과 주로 놀았는데 그들 대부분의 가정이 결손가정이었다. 한쪽 다리가 장애인이었던 아버지를 둔 아이, 아버지가 돌아가시고 늙으신 어머니 슬하에서 자라던 아이, 엄마가 둘째 부인이기에 가끔 가다 찾아오는 아버지를 둔 남매, 아버지가 자주 바뀌어서 성도 자주 바뀌었던 아이, 늦둥이로 태어나서 노부부의 자식이었던 아이들, 시장에서 노점상을 했던 아버지를 두었던 아이들 등등 다들 어렵게 살아가는 환경 속에서 우리들이 가치 있는 생각을 하고 꿈을 그리며 살아가는 것은 쉬운 일이 아니었다.

그런데 우리 동네 아이들보다 더 불우한 환경에서 지내는 윗동네 아이들 중에는 학교에 갈 수가 없어서 껌팔이, 구두닦기로 돈을 벌어야만 했던 아이들이 있었다. 그 아이들은 10원씩 내면 TV를 시청할 수 있는 가게에서 주로 볼 수 있었다.

한 방에 모인 아이들은 재미있게 TV를 보았는데 저학년부터 고학년까지 모여서 본 영화 중에 「타잔」과 「전우」, 「육백만불의 사나이」, '컴백' 하는 영어가 인상적이었던 「전투」, 「언더우먼」, 「소머즈」 등이 가장 인기 있는 프로그램이었다. 방에는 아이들의 발 냄새와 땀 냄새가 진동하였는데 시간이 지나면 그 냄새도 후각이 마비가 되어 그럭저럭 있을 만하였다.

　신문팔이와 껌팔이를 하는 아이들은 학교에 나가지 않고 돈벌이를 해서 그런지 돈이 더 여유가 있어서 불량식품인 쫀드기나 구운 북어 등을 입에 물고 TV시청을 하였다. 그 시절에는 먹는 것이 귀하기도 했지만 집이 가난해서 마음껏 군것질을 하기가 쉽지 않았다. 그 당시 아이들을 대상으로 출시한 과자가 라면 부스러기를 기름에 튀긴 라면땅이었다.

　그래도 부잣집 아이들은 집에서 만들어 준 여러 가지 음식을 먹었으리라 짐작한다. 나의 어린 시절은 가난한 시절이었지만 마음은 언제나 행복한 시절이었다. 마음에 항상 기쁨이 있었고 내 생활에는 삶의 의욕이 약동하고 있었다.

　지금 생각해 보면 그 시절에 나는 경제적인 어려움이 있었지만 따뜻하게 보살펴 주셨던 부모님 슬하에서 외롭지 않은 생활을 하면서 가치 있는 생각을 하며 자랐다. 더불어 아름다운 자연을 벗 삼아 깨끗하고 맑은 공기를 마시고 살았다. 그때 벗 삼았던 산에는 관악산의 한 줄기인 호암산과 그 뒤로 높게 펼쳐진 삼막산이 있었다. 나는 이 산에서 봄, 여름, 가을, 겨울을 친구들과 함께 보냈는데 봄에는 진달래와 개나리가 만발했다.

　나는 산에 올라가서 산기슭에 있는 약수를 마시고 이제 막 풀 속에서 뛰노는 새끼 메뚜기들을 잡으러 이리저리 열심히 뛰어다니다가 사마귀를 보면 깜짝 놀라곤 하였다. 하지만 개미집들은 재미있

152x200   4부   무선   날개:78mm   매직칼라A 벚꽃색 1장   IP0056 4963

는 놀잇거리였다. 부지런히 일하는 개미들을 보고 어려서부터 열심히 일하는 것이 마땅하다는 생각을 하였다. 자기 몸집보다 큰 먹이를 끌고 가려고 애쓰는 개미와 그 개미를 돕고자 달려드는 동료 개미들을 보면서 근면함과 협동하는 것이 얼마나 가치 있는 일인가를 알 수 있었다.

주일이나 방학 때는 산을 두 고개 넘어서 홍수를 막기 위해 산 아래 계곡을 막아 마치 수영장처럼 만들어 놓은 계곡으로 수영을 하러 다녔다. 그때 필자와 친구들은 도시락을 싸서 갔는데 거의 얼갈이김치, 열무김치만 싸 가지고 갔다. 만일 그중에서 고추장에 볶은 멸치를 싸 가지고 온 친구가 있으면 무척 고마운 마음이 들었다.

그래도 수영한 후에 먹었던 밥과 신김치 맛은 지금도 잊지 못하는 최고의 식사였다고 생각한다. 지금 생각하건대 자연 속에서 뛰놀던 때를 생각하면 옛 시조가 떠오른다.

산절로 수절로
산수간에 나도 절로
그 가운데 절로 자란 몸이
늙기도 절로 하리라

풍성한 자연이 가난한 생활에 환경적으로 도움이 되었다면 정서적으로 빈곤하지 않았던 것은 매주간 수요일과 주일에 다닌 교회생활을 통해서 가능했다. 교회에서 수요일에는 찬양예배와 동화시간이 있었고 주일 오전에는 예배와 성경공부, 오후에는 예배와 레크리에이션을 포함한 다양한 2부 순서를 가졌다. 그곳에서 나는 주일학교 선생님들의 지지와 사랑을 받으며 성장하였고 그것이 내 자신과 삶을 가치 있게 생각하게 하는 원동력이 되었다고 생각한다.

그 당시 나는 교회예배에 참석하면서 내가 왜 사는가에 대한 존재의 이유를 알게 되었다. 즉 내가 사는 목적은 하나님을 영화롭게 하기 위함이고 사람 낚는 어부가 되어 전도하기 위함이다. 그리고 자기의 이해관계와 상관없이 어려운 사람을 돌봐 주었던 선한 사마리아인같이 살다가 최종적으로 천국 가기 위함이라는 사실을 알게 되었다.

유년기는 정체성이 확립되는 시기였다. 그 당시에는 정부의 산아제한 운동이 효과를 거두기 이전으로 집집마다 매우 많은 아이들이 태어나고 자랐다. 하지만 유아 및 아동교육 시설은 턱없이 부족하였고 유치원 등은 부유층이 아니면 갈 수 없을 정도로 고액이었다. 그런 시대에 마을 마을마다 교회가 세워지고 상가에도 교회가 들어서면서 유아, 아동들에 대한 전적 돌봄이 있었다. 그 당시 교회에 나가면서 가장 인상에 남은 것은 시청각으로 본 「부자와 검은 빵」과 선생님들이 성극으로 보여 준 「열 처녀」였다.

중학교 2학년 때 아버지께서 교회개척을 하면서 정들었던 교회를 떠난 후 오랜 세월이 지난 2009년 11월 말에 그 교회 출신 친구의

152x200 4부 무선 날개:78mm 매직칼라A 벚꽃색 1장 IP0056 4963

연락을 받고 송년모임에 참석하였다. 30년 이상의 세월이 흘러서 모임에 나가 보니 「문학의 밤」 때 천사 역을 했던 중학교 1학년 여학생이 어느새 불혹의 나이를 넘어서 나타났다. 세월이 강물과 같이 흘러가고 있음을 느낄 수 있었다. 집으로 돌아와서 그 모임에서 만든 인터넷 카페에 들어가 보니 추억의 사진들이 많이 있었는데 그곳에 여름 성경학교 때 누군가 찍은 단체사진에 성경책을 한 손에 움켜쥐고 앉아 있는 내 모습이 있었다.

오른쪽 아래 왼손에 성경책을 힘껏 쥐고 있는 모습

사진 속 장면은 사진을 보게 되기 며칠 전 아침에 어릴 적 추억을 생각하던 중 문득 생각났던 장면이었는데 그 장면이 누군가에 의해 사진으로 찍혀 있을 줄은 꿈에도 몰랐다가 인터넷 카페에서 우연히 보게 되니 매우 반갑고 놀라웠다.

왜냐하면 그 사진이 찍힐 당시 나는 산동네에 있는 교회의 주일학교에 출석하는 남자 아이들이 몇 명 안 되었기에 나름 선생님들이 내게 잘해 주었는데 그날은 선생님들이 이웃동네까지 전도를 나가서 많은 아이들을 여름성경학교로 인도해 왔기에 무척 많은 아이들이 교회에 모인 것이다. 그중 나보다 잘사는 집 아이, 잘생긴 아이들을 보면서 은근히 열등감이 생기려는 순간 손에 들고 있던 성경책을 생각하였다. 나는 들고 있던 성경책을 손으로 느끼면서 '내가 성경을 귀중하게 여기고 이 성경말씀대로 살아간다면 하나님께서 날 도와주시어 반드시 저 아이들보다 훌륭한 사람이 될 수 있다'는 생각을 하고 마음을 굳게 먹고 손으로 성경책을 힘껏 쥐었다. 그때 뒤에서 한 아이가 밀어서 "어" 하면서 앞으로 밀리는 순간 누군가에 의해 찰칵 사진이 찍힌 것이다.

그 후 오랜 세월이 지난 후 필자는 하나님의 말씀대로 완벽하게 살지는 못했지만 하나님의 말씀을 믿고, 성경말씀대로 살려고 애쓴 결과 하나님의 은혜로 내 능력 이상의 오늘의 내가 되게 하셨다. 부족한 자에게 주시는 하나님의 은혜이다.

152x200 4부 무선 날개:78mm 매직칼라A 벚꽃색 1장 IP0056 4963

8) 긍정적인 말을 하고 유머가 있는 사람이 되라

동물 중에서 생각하고 말을 구사할 수 있는 동물은 인간이다. 그래서 파스칼은 너무나 많이 알려진 말이지만 "인간은 생각하는 갈대다"라고 말하였다. 인간은 생각하고 말하는 장점이 있는 반면 연약한 심성을 가지고 있고 변덕스러움도 가지고 있는 것을 생각할 때 매우 적절한 표현이다. 그런데 인간의 특징 중 또 다른 하나는 웃을 수 있고 남을 웃길 수 있다는 것이다.

미국의 코미디언 봅 호프는 "웃음은 참을 수 없는 슬픔을 참을 수 있는 어떤 것으로 더 나아가 희망적인 것으로 바꾸어 줄 수 있다"고 말했다. 조용기 목사는 개척교회 시절을 회고할 때 "울어도 보고 웃어도 보니 웃는 게 낫더라"고 하였다.

요즘 우리나라 사람들 중에는 "웃고 있어도 눈물이 난다"는 노래 가사를 인용하는 사람들이 늘고 있다. 주변의 사람들 중에서 웃음이 많은 사람들은 알고 보면 남들에게 말 못 할 사연이 있는 것을 알 수 있다. 그런 사람들은 아픔을 잊기 위해 잘 웃지만 마음의 눈물이 눈을 적신다. 사람들은 "그 사람 평상시에 밝게 웃어서 잘 몰랐는데 알고 보니 안됐어"라는 말을 하기도 한다.

미국의 심리학자이면서 철학자인 윌리엄 제임스는 우리는 행복하기 때문에 웃는 것이 아니고 웃기 때문에 행복하다고 웃음을 예찬하였다. 웃음이 아픔을 치유할 수 있기 때문이다. 요즘 웃음치료가 성행하고 있다.

한 연구결과에 의하면 15분간 웃으면 2년간의 생명이 연장된다고 한다. 건강에도 매우 좋은 것이다. 일상생활에서도 웃음은 효과가 있다. 내 경험으로 볼 때 하루를 웃음으로 시작하면 하루가 밝았으나 아침에 어떤 이유로든 화를 내거나 웃지 않고 하루를 시작하면 하루가 밝지 못한 경우가 많았다.

이런 면에서 서구인들은 웃음이 많은 사람들이다. 그들은 일상생활 중에 밝게 웃는 것이 습관이 되어 있을 뿐 아니라 웃음으로 재치 있게 위기를 모면하거나 조크를 적절하게 구사하여 상대방의 공격을 제어하는 경지에까지 이르렀다.

제2차 세계대전이 한창이던 1942년 어느 날, 프랑스 내 한 미군 기지를 방문한 당시 미군 유럽 주둔군 총사령관 아이젠하워는 장병들을 상대로 연설을 마치고 연단을 내려오다 진흙탕에 미끄러져 넘어졌다. 그 장면을 본 장병들은 웃고 난리가 났다. 한순간 당황했던 아이젠하워 참모장 스미스 소장이 달려와서 귓속말을 하였다. 조금 후 벌떡 일어나 다시 연단으로 올라간 그는 "장병 여러분이 즐겁다면 나는 다시 한 번 넘어질 수도 있습니다"라고 말했다. 결국 장병들의 환호와 경의 속에서 자리를 벗어난 아이젠하워는 훗날 미국의 제34대 대통령이 되었다.

「내일을 향해 쏘라」는 영화를 보면 멕시코에서 총에 맞은 두 주

152x200   4부   무선   날개:78mm   매직칼라A 벚꽃색 1장   IP0056 4963

인공이 어느 외딴집으로 피한 후 이제 이곳을 벗어나면 호주의 해변으로 가서 즐겁게 지내자며 웃는다. 그리고 문을 박차고 달려 나가며 총을 쏘는 장면에서 영화는 끝난다. 그들이 죽는 모습은 보여 주지 않았지만 몇 겹으로 포위한 수많은 멕시코 군인과 경찰들이 총을 겨누고 있는 장면은 죽음을 예고하였다.

영화 「쇼생크 탈출」에서는 햇살이 찬란하게 내리쬐는 해안가에서 탈출에 성공한 백인 주인공과 형기를 마치고 출감한 흑인 친구가 우여곡절 속에서 해후하면서 밝게 웃는 모습은 매우 인상적이다. 추억의 미국 서부영화 한 장면에서는 총에 맞고 죽어 가면서 친구에게 "나 지금 웃고 있지"라는 명대사를 날린다. 웃음이 생활화되어 살고 있는 미국인들의 문화가 잘 반영된 영화들이라고 생각해 본다.

미국의 정치인들 중 레이건 대통령은 유머 있고 모든 사람들에게 친밀감이 높은 사람이었다고 한다. 지위 고하를 막론하고 모든 사람들에게 부드러웠고 유머감각이 있었던 그였기에 국가 정사도 매우 훌륭하게 볼 수 있었고 역대 미국 대통령 중에서 링컨 대통령 다음으로 존경받는 인물로 선정되기도 하였다.

9) 마음의 쓴 뿌리가 생기지 않게 하라

화날 만한 일이 있으면 때론 투덜대는 것이 필요하다. 강화도에서 개척교회를 할 때 있었던 일이다. 어느 날 여선교회 회장이 갑상선암에 걸려서 말을 제대로 하지 못하고 몸이 마르고 쇠약해진 자신의 50대 초반 언니를 데리고 기도를 받으러 온 적이 있었다.

동생에게 사연을 들어 보니 강화로 시집와서 고된 시집살이를 하였다고 한다. 시어머니의 성격이 불같아서 며느리에게 자주 화를 내었는데 그때마다 억울함이나 화를 참고 살다가 결국 갑상선암까지 걸리게 되었다고 한다. 그때 나는 그 언니에게 시부모에게 불만이 생기면 적당한 선에서 자신의 입장을 말하는 법을 배워 보라고 했다. 그것이 힘들면 전통적인 방법인데 마당에 있는 세숫대야라도 발로 차 보거나 적당히 분풀이를 할 만한 물건을 찾아서 나무 막대기로 두드리라고 말했다.

필자의 경험에 비춰 볼 때 나는 아버지가 개척교회를 하실 때 화가 날 만한 일이 생기면 교회옥상에 올라가서 무화과나무가 심긴 빨간 고무통을 나무 막대기로 치거나 주먹으로 치면서 화풀이를 했는데 그 효과가 매우 좋았던 기억이 있다. 사람에게 가해야 할 공격성을 물건에 가해서 분을 풀어 쓴 뿌리가 생기지 않게 하는 것이다. 그래서 그런지 필자는 사람을 미워하면 일을 잘못하게 되는 경향이 있다. 결국 사람을 미워한다는 것은 자기가 피해를 보는 것이다.

그래서 가능한 한 빨리 풀어 버리고 미워하지 않으려고 노력하였다. 필자의 아버지는 내가 청소년 때부터 "인간관계에서 작은 손해는 네가 보라"고 말씀하셨는데 신문지상에서나 주변에서 작은 손해도 안 보려고 다투다가 결과적으로 큰 싸움으로 번지는 경우를 보면서 아버지께 감사하는 마음을 가지게 된다. 우리나라 사람들은 매우 많은 일을 한다. 그래서 한때는 일 중독증에 걸린 한국인들이라는 말이 기사화될 정도였다.

오랜 시간 동안 직장에서 보내는 한국인들의 특성상 직장에서 생기는 인간관계의 어려움 등으로 인해서 마음에 쓴 뿌리가 생기는 경우가 많다. 마음에 미움의 쓴 뿌리가 생겨나면 자신과 동료들에게 부정적인 영향을 미치게 된다. 이러한 쓴 뿌리를 안 생기게 하거나 생긴 쓴 뿌리를 제거하는 방법은 예수 그리스도의 사랑을 본받아 용서하는 것이다.

유명한 레오나르도 다빈치의 「최후의 만찬」은 너무나도 잘 알려진 그림이다. 거기에는 예수님의 얼굴을 위시하여 열두 제자의 얼굴이 그려져 있는데 재미있는 일화가 전해지고 있다. 레오나르도 다빈치가 베드로부터 시작해서 얼굴을 하나씩 하나씩 그려 나가다 가리웃 유다를 그릴 때에는 자기를 일생 동안 괴롭힌 원수 같은 친구가 생각났다. 그 친구만 생각하면 마귀 같은 느낌이 들어 가룻인 유다의 얼굴은 그 친구를 모델로 그렸다.

이제 마지막으로 예수님의 얼굴을 그려야겠는데 좀처럼 영상이 떠오르지 않았다. 몇 달, 몇 해를 두고 고심해도 예수님의 얼굴은 그릴 수 없었다.

그러던 중 한 수도사를 만나서 자기 고민을 털어놓았더니, 수도사는 그 친구를 용서하지 않고는 예수님의 얼굴을 그릴 수 없을 것이라고 충고했다. 그는 곧 무릎을 꿇고 하나님께 스스로 회개했으며 그 친구를 위하여 기도하고 용서했다.

그러자 그는 비로소 마음이 열려 예수님의 얼굴을 그릴 수 있었다고 한다. 마음에 쓴 뿌리가 생기기 전에 화해하고 잊어 버리자 역사에 길이 남는 위대한 작품을 완성할 수 있었다. 신약성경을 보면 "분을 품어도 죄를 짓지 말고 해가 지도록 분을 품지 말라. 이는 마귀가 틈을 타지 못하게 함이라(엡 4:26)"고 하였다. 즉 분을 품어도 하루가 지나기 전에 대화로 풀어야 한다.

3. 희망 갖기

1) 희망으로 새로운 현재를 만들어 가라

욥은 고난당한 사람들 중에 대표적인 사람이었다. 평안하고 행복했던 그의 집에 어느 날 스바 사람과 갈대아 사람들이 쳐들어와 소와 나귀와 양을 죽이거나 빼앗아 갔는데 그 수가 약 8천 마리였다. 그것

152x200　4부　무선　날개:78mm　매직칼라A 벚꽃색 1장　IP0056　4963

만이 아니라 그의 집은 모두 불에 탔고 태풍으로 자녀들도 다 죽었으며 몸에 부스럼이 나서 타다 남은 부서진 기와로 자신의 몸을 긁어대었다. 그런 그를 보고 그의 아내는 그를 조롱하면서 당신의 하나님에 대한 순수함을 버리고 하나님을 원망하고 죽으라고 말하였다.

하지만 욥은 하나님에 대한 신앙심을 저버리지 않았다. 결국 그는 모든 고난을 통과한 후에 하나님께서 주신 그전보다 몇 곱절 많은 복을 받아서 행복하게 살았다.

단테는 사랑하는 여인 베아트리체로부터 배신을 당하고 마음에 심한 상처를 입은 채『신곡』을 저술했고, 존 밀턴은 시력을 상실하고 앞을 못 보는 소경이 되어 뼈아픈 고통 속에서『실낙원』이라는 불후의 명작을 이루었으며 베토벤은 청각을 잃어버린 뒤 오히려 더 아름답고 훌륭한 작품「교향곡 9번」을 완성시켰다. 모차르트는 가난과 굶주림 속에 시달리며 불멸의 명작인「진혼곡」을 작곡했다. 다니던 직장에서 정리해고당한 월트 디즈니는 창고에서 잠을 자다가 쥐들이 노는 모습을 유심히 관찰하고「미키 마우스」를 만들었다.

이들의 성공비결은 절망하지 않고 포기하지 않고 끝까지 희망으로 전진해서 얻은 결과이다. 우리는 절망 가운데서 포기하지 말고 내일의 희망을 가지고 현재 내가 할 수 있는 모든 일에 최선을 다하며 살아야 한다.

2) 하나님이 세우신 내 인생의 프로그램을 믿어라

하나님께서는 예수를 믿고 구원받은 사람들에게는 인생의 프로그램을 설계해 주고 그 프로그램대로 따라오기를 원하신다.

하나님께서 날 위해 계획하신 프로그램을 바라보고 따라갈 때에는 믿음을 가지고 따라가야 하는데 그 과정 중에는 믿음을 의심케 만드는 요소들이 있다. 역경, 고난, 슬픔, 병, 실패 등 그러나 그런 모든 것을 믿음으로 극복하고 하나님께서 내 인생의 프로그램을 주관하신다고 믿고 기도와 감사와 찬양을 하면서 꾸준히 앞으로 전진하다 보면 사막과 같은 역경을 지난 후 푸른 초장과 쉴 만한 물가를 만나게 된다.

이스라엘의 양치기였다가 군인이 되어 승승장구 전과를 올리는 다윗을 시기한 사울 왕이 자신을 죽이려고 할 때에 장인이기도 한 그와 맞서기보다는 하나님을 의지하고 하나님을 찬양한 그의 대표적인 시를 보면 "여호와는 나의 목자시니 내게 부족함이 없으리로다. 그가 나를 푸른 초장에 누이시며 쉴 만한 물가로 인도하시는도다(시편 23:1~2)"이다.

결국 그는 사울 왕의 박해를 극복하고 이스라엘 역사상 가장 위대한 왕이 되었다. 하나님께서 자기 자신을 위해서 준비하시고 계획하신 프로그램을 믿고 끝까지 포기하지 말고 따라가야 한다.

152x200 4부 무선 날개:78mm 매직칼라A 벚꽃색 1장 IP0056 4963

4. 단련

1) 고난은 축복의 전주곡이다

고난을 두려워하지 말아야 한다. 고난은 축복을 받기 전에 들려오는 축복의 전주곡에 불과하다. 호아킴 데 포사다의 저서 『피라니아 이야기』에 나오는 피라니아는 아마존 강에 서식하는 식인 물고기로 이 물고기가 물속에 있는 사람이나 동물을 물어뜯어 죽게 한다는 소문을 들은 사람들은 피라니아가 있는 강에는 들어가는 것조차 두려워하였다.

하지만 실제로 피라니아가 사람이나 물고기를 공격하는 빈도는 드물다고 한다. 결국 그 피라니아란 것이 필요 이상의 공포심이 만들어낸 과다 포장된 아직 닥치지 않은 미래에 대한 공포라는 것이다.

마찬가지로 우리가 인생을 살아가면서 겪게 되는 고난은 사실 실상보다 약하다. 고난을 겪을 때 두려워하지 말고 고난은 축복의 전주곡이다 생각하고 담대히 고난을 헤치고 목표를 향해 나가야 한다.

2) 하나님께 기도한 후 현실로 이루어질 것을 믿고 기다려라

우리는 살아가면서 화가 나서 폭발할 것만 같은 일들을 겪게 된다. 그럴 때 참고 인내한다는 것은 쉬운 일이 아니다. 아마도 거의 모든 사람들이 직장 내에서 사람들과의 갈등으로 고통받은 경험이 있을 것이다. 나는 군대와 직장에 근무하면서 사람들과 갈등을 겪은 적이 있었는데 그때마다 도움이 되었던 것은 토마스 아 켐피스가 그의 저서 『그리스도를 본받아』에서 말한 "내가 인내함으로 그리스도의 제자인 것을 확신하노라"는 말이었다.

'와신상담'은 중국 춘추시대 오나라 왕 부차가 아버지의 원수를 갚기 위하여 장작더미 위에서 잠을 자며 월나라의 왕 구천에게 복수할 것을 맹세하였고, 그에게 패배한 월나라의 왕 구천이 쓸개를 핥으면서 복수를 다짐한 데서 유래한 말이다. 이 말은 인내하고 참고 견뎌야 할 때 주로 사용한다. 부차나 구천이 자신의 몸을 괴롭게 하는 생활을 하면서 전쟁을 준비한 것은 안락함에서 오는 나태함을 이기고자 한 것이다. 즉 그들은 자기 자신과의 싸움을 한 것이고, 자신과의 싸움에서 승리한 사람이 승자가 되었다.

하지만 그들의 영화는 오래가지 못했다. 구천에게 패한 오나라 왕 부차뿐만 아니라 승리한 월나라 왕 구천도 자신과 생사를 같이한 명신 범려를 추방하고, 대부 문종을 자살하게 하는 등 만년에는 은혜를 악으로 갚는 등 지각없는 행동을 많이 하여 후세들의 비판을 받고 있다.

범려는 구천에 대해서 "어려울 때 함께할 수는 있어도 평화로울 때는 함께할 수 없는 인물"이라는 말을 남기고 구천을 떠났다. 그

152x200　4부　무선　날개:78mm　매직칼라A 벗꽃색 1장　IP0056　4963

는 조용히 제나라로 이사 가서 농업에 종사하다가 거부가 되었는데 그의 인물됨을 소문으로 들은 제나라의 왕이 그를 불러서 나라의 재상으로 기용하였다.

구약성경에 나오는 이삭은 인내의 최고 수준을 보여 주고 있다. 그는 하나님의 인도함을 받고 그랄 지역에 살게 되었는데 하나님을 잘 섬기면서 농사를 열심히 지었더니 농사 지은 첫해에 백배나 얻었고 하나님께서 복을 주시므로 창대하고 왕성하여 마침내 거부가 되어 양과 소가 떼를 이루고 종이 심히 많게 되었다. 그러자 그랄 지역에 함께 살던 블레셋 사람이 그를 시기하여 그 아버지 아브라함 때에 그 아버지의 종들이 판 모든 우물을 막고 흙으로 메워 물을 구할 수 없게 하였다.

그러자 이삭을 도와주었던 블레셋 왕 아비멜렉은 이삭에게 우리들보다 강대하게 되었으니 여기를 떠나라고 하였다. 할 수 없이 그랄 골짜기에 이른 이삭은 아버지가 죽자 블레셋 사람들이 흙으로 메워 놓은 우물을 다시 팠는데 물이 나왔다. 그러자 그랄의 목자들이 몰려와서 그 우물을 자기들 것이라고 우기면서 빼앗았다. 그래서 이삭은 다른 곳으로 가서 우물을 팠는데 물이 나오자 또다시 그들이 와서 빼앗았다. 그래서 이삭은 다시 다른 곳에 가서 우물을 팠는데 거기서도 물이 나왔다.

이것을 본 다른 부족들은 그를 두려워하게 되었다. 물이 부족한 중동지역에서 우물을 파서 물을 얻는다는 것은 어려운 일이었기 때문이다. 그들은 이삭은 하나님이 함께하는 사람이니 우리가 계속 그를 괴롭히면 분명히 하나님께 벌을 받을 것이라고 생각하게 된다. 그리고 그들은 이삭과 화친을 청하고 다시는 그에게 일절 시비하지 않았다. 이삭은 자신을 괴롭히는 사람들과 싸워서 얻은 승리보다 더 큰 승리를 얻었다.

그의 인내는 아버지의 신앙생활을 보고 학습한 것이다. 그의 아버지 아브라함은 하나님의 말씀을 듣고 하나님이 지시하실 곳을 향해 길을 떠났다. 그 후 하나님의 축복으로 아브라함은 민족의 아비가 되었고 믿음의 조상이 되었다. 이삭은 그런 아버지를 보면서 하나님께 전폭으로 맡기고 말씀대로 사는 순종을 배웠을 것이다.

물론 초창기에 아브라함도 어려움 앞에서 약해져 살기 위해 인간적인 방법을 쓰는 등 완벽히 하나님을 믿고 순종하는 삶을 살지는 못했지만 하나님의 용서와 도움으로 성숙한 순종의 도를 이루어 갔다. 그런 아버지의 삶은 이삭에게는 커다란 교훈이 되었고 하나님을 의지하고 인내하며 살면서 반드시 하나님의 도움으로 모든 것이 협력하여 형통하게 된다는 믿음을 갖게 된 것이다. 현대를 살아가는 우리도 환경이 아무리 어렵고 힘들지라도 이삭의 신앙을 본받아서 하나님을 믿고 인내할 때 행복한 삶을 살 수 있다.

3) 희망을 가지고 계속 즐겁게 전진하라

『나는 희망의 증거가 되고 싶다』의 저자 서진규 박사의 책을 읽은 후 감동을 받았는데 얼마 후 집에서 그녀의 성공에 대해 다룬 방송을 TV 재방송으로 시청하게 되었다. 그런데 그녀의 일생이 성공적이었고 희망의 증거가 되고 싶다는 그녀가 그리스도인이 아니라는 것을 알게 되었을 때 안타까운 마음을 금할 수 없었다.

그 이유는 희망을 가지고 즐겁게 전진하는 것은 오직 그 희망이 예수님과 함께하는 희망일 때 더 가치가 있고 영원하기 때문이다. 이 세상의 것은 아무리 성공하였다고 해도 잠시 피었다가 지는 들풀과 같고, 잠시 있다가 사라지는 안개와 같기 때문이다.

나는 그때 거실에 무릎을 꿇고 하나님께 "그녀가 예수님을 구주로 믿고 구원을 받게 해 달라"고 기도하였다. 그리고 일 년쯤 지난 어느 날 인천순복음교회 창립 32주년 기념감사 예배 때 특강 강사로 온 그녀를 보게 되었다. 그리고 강의를 듣던 중 그녀는 "나는 원래 기독교인이 아니었는데 작년에 전도를 받고 예수님을 구주로 믿고 있습니다"라고 말하는 것이었다. 하나님께서 그녀를 사랑하사 나뿐만 아니라 많은 그리스도인들이 그녀의 구원을 위해서 간구한 기도의 응답이라고 믿는다. 진정한 희망을 소유한 그녀가 주님 안에서 더 많은 희망의 증거가 되기를 소망한다.

5. 감사와 행복

1) 일상생활에서 감사하자

선진국일수록 '생큐', '아리가토' 등 감사하다는 말을 많이 한다. 미국사람들이 '생큐'라는 말을 많이 쓰게 된 계기는 그 나라의 문화적 배경이 한몫한다. 미국은 영국을 비롯한 유럽 등에서 온 이민자들이 모여서 이룬 나라로 무법자들의 횡포가 심한 나라였다. 그래서 오래전부터 성인이라면 누구나 신고만 하면 자기방어를 위해 총을 소지할 수 있다. 문제는 총기를 소지하고 있기에 그들은 갈등이 발생하면 총을 들고 싸우는 경우가 많았다.

그래서 미국인들은 오래전부터 오해가 발생하지 않도록 낯선 사람에게까지 친절한 문화가 자연스럽게 싹트지 않았나 생각된다.

일본의 경우에는 막부 체제하에 무사들이 지배한 국가였기에 사소한 갈등이 칼싸움으로 번져서 위험한 지경에 이르는 경우가 많았다고 한다. 그래서 오해의 소지가 생기지 않도록 낯선 사람들에게까지 친절할 수밖에 없는 문화가 형성되었으리라 생각된다.

그런데 우리나라 같은 경우는 오랫동안 왕정시대까지 농경사회의 영향으로 정 문화가 형성되어서 살아오다가 일제시대를 겪고 동족상잔의 고통을 겪은 후 밤사이 죽는 사람들이 속출하여 인사말이

152x200   4부   무선   날개:78mm   매직칼라A 벚꽃색 1장   IP0056 4963

주로 "안녕하세요"라는 말을 하게 되었고 어려운 시절을 지나오면서 사람들이 고생스럽게 사는 경우가 많아서도 있지만 일거리가 부족해서 일하고 싶어도 일하지 못했던 시절에 일을 할 수 있는 것이 천만다행이라고 여겨서 "수고하세요, 고생하세요, 욕봐요" 등의 말을 잘 사용했다. 그러나 이제 과거의 상처를 잊고 서로 가진 것을 나눌 수 있는 생활의 여유도 생겼으니 "감사합니다"라는 긍정적이고 생산적인 인사말을 더욱 많이 나누며 살았으면 한다.

2) 감사하면 행복해진다

서구 드라마에 나오는 한 장면을 보면 한 여인이 6개월간 공장에 나가서 일하고 받은 월급 중에서 매달 1달러씩 모아 6달러가 되자 어린 딸의 목도리를 사서 집에 들고 왔다. 그리고 딸에게 줄 선물을 혼자 꺼내 보면서 그녀는 이렇게 말했다. "아이 엠 소 해피!(I am so happy!)" 서구 사람들은 이 여인처럼 실생활에서 행복하다는 말을 자주 한다. 그래서 그런지 행복하다는 사람들이 많다. 반면 우리나라 사람들은 죽겠다는 말을 자주 한다. 그래서인지 몰라도 암사망률 세계 1위, 교통사고율 세계 1위를 달리고 있다.

전광 목사는 그의 저서 『평생감사』에서 "행복해서 감사한 것이 아니라 감사하기 때문에 행복하다고 말하며 인생을 감사로 물들이라"고 말한다. 그는 내가 인하대학교에서 기독인 연합회 지도목사로 사역을 할 때 인하대학교 개강예배 강사로 초청하여 만나서 대화를 나눈 적이 있다. 그때 오랫동안의 미국생활을 마치고 돌아온 한국에서의 생활은 어떤지 내가 묻자 그는 북한산 기슭에 위치한 글방에서 글을 쓰는 일을 주로 하고 있는데 무척 행복하며 하나님께 감사한다고 말했다. 환경을 바라보지 않고 주님을 바라보면서 항상 모든 일에 감사하면서 사는 인생은 아름답다.

3) 행복하면 겸손하자

사람은 누구나 할 것 없이 높아지면 고개에 힘이 들어가고 교만해지려는 속성이 있다. 그래서 행복이 오면 그 행복을 누릴 수 없게 된다. 행복은 겸손이라는 옥토에 심긴 사랑의 나무이다. 사람이 겸손하게 사랑을 나누며 살 때 행복이 가득한 인생을 살게 되기 때문이다. 나무가 옥토가 아닌 곳에 심기면 잠시 동안은 싱싱한 모습을 유지하지만 결국 말라 버리거나 병들어 버리는 것처럼 겸손이 없는 모든 것은 잠깐 빛을 발하다가 꺼져 버리는 존재가 될 수밖에 없다.

일본에서 유기농 과수원을 하는 한 농부가 10년이 넘도록 자연산 사과를 재배하다가 실패하여 자살을 결심하고 산에 올랐는데 거기서 거름도 주지 않고 돌보는 사람도 없는데 잘 자라는 나무를 보고 신기하게 생각하고 원인을 살펴보았다. 그리고 원인이 양질의 토양인 것을 발견하였다. 그는 곧바로 농장으로 내려와서 엉겅퀴, 잡초,

152x200   4부   무선   날개:78mm   매직칼라A 벚꽃색 1장   IP0056 4963

낙엽 등을 치우지 않고 거름이 되게 하였다. 그 결과 양질의 토양에서 싱싱하고 오랫동안 썩지 않는 자연산 사과를 얻었고 일본 전역에서 주문이 쇄도하고 있다고 한다.

우리가 살아가는 동안 우리의 주변에서도 이와 마찬가지로 엉겅퀴, 잡초, 낙엽 등 없었으면 하는 문제가 생겨난다. 그런데 그 모든 것들을 일일이 신경을 쓰면서 불평불만을 하다 보면 불필요한 일에 에너지를 너무 소모하여 중요한 일을 하는 데 집중력이 떨어진다. 겸손한 마음으로 참고 여유 있게 살아가노라면 언젠가는 자기 주변의 사소한 문제는 썩어 거름이 되어 자신의 성장에 도움이 되는 양분으로 바뀌게 될 것이다.

노년의 사도 요한에게 제자가 와서 "사도시여 교회에서 가장 귀중한 덕목이 무엇입니까?"라고 물었다. 그때 사도 요한은 겸손이라고 말했다고 한다. 사도 요한은 사실 젊었을 때 야심 많고 자만했었다. 신약성경에 보면 그의 어머니가 예수님이 독립된 유대의 왕이 되시면 자신의 아들인 야고보와 요한을 예수님의 보좌 좌우편에 앉게 해 달라는 부탁을 하였다. 이 일로 제자들은 서로 누가 더 큰가 다툼이 일어나 급기야는 예수님께서 제자들의 발을 손수 씻기며 섬기는 자가 큰 자가 되리라고 말씀하신 유명한 일화가 있다.

또한 그는 예수님께서 잡히시던 날에 베드로와 달리 가야바 대제사장 집과 자연스럽게 왕래한 것을 볼 때 정치적인 로비(lobby)도

잘하던 사람이라고 추측할 수 있다. 그런 그에게 예수님은 십자가상에서 어머니 마리아를 어머니로 모시면서 돌봐 드리라고 말씀하신다.

그 후 그는 예수님의 부탁대로 어머니 마리아를 모시느라 동료제자들의 뒤편에 서서 겸손하게 지원하는 일을 하였다. 자신이 위험에 빠져서 순교하게 되면 어머니 마리아의 안위를 보장할 수 없기에 항상 몸조심을 한 것이다. 그렇게 오랜 세월이 흐르는 동안 사도 요한은 겸손한 사람이 되었고 겸손의 능력을 가지고 예루살렘 교회를 목회하고 나아가서 요한계시록을 기록하는 하나님의 도구가 되었다.

6. 성공의 비밀

성공은 간절히 성공을 바라는 사람이 성취하게 된다. 성공을 두려워하지 말고 성공의 비밀을 알고 실천해 보자.

1) 친절은 최고의 능력이다

친절은 마음에서부터 우러나오는 매우 정겹고 고분고분한 태도로 상대방을 기분 좋게 만들어 주는 효능이 있다. 어느 회사의 홍보를

152x200   4부   무선   날개:78mm   매직칼라A 벚꽃색 1장   IP0056 4963

보니 '친절은 능력'이라고 말한다. 친절은 노력해서 얻어지는 습관이기에 능력이라는 말이 적합하다고 생각된다.

그런데 다원화된 사회와 급속히 변화하는 세상에서 사람들은 입서비스를 하는 경우가 늘어가고 있다. 하지만 그 입서비스로 인해 좋은 사람들이 상처를 받기도 하고 속기도 한다. 입서비스를 하는 사람들의 친절은 진실함이 없기에 결국은 가치 없는 사람으로 평가된다. 따라서 친절이 진정한 능력으로 몸에 배기 위해서는 외적인 모습 못지않게 마음에서부터 사람들에게 진실하게 대하는 내면의 성장을 이루는 것이 더욱 중요하다.

인류의 지나온 역사를 볼 때 유교의 경우 인간관계에서 예를 중시하도록 하여 사람들 사이에서 갈등이 생길 때 분을 행위로 분출하지 않게 하는 조절능력을 갖게 한 것은 바람직한 것이었으나 마음에도 없는 예가 습관화되는 경우가 많아 형식적인 인간관계를 만들었다. 그리고 과거 유대 땅에 예수님께서 복음을 전하실 당시 이스라엘의 지도자인 대제사장과 율법사들이 구약성경에 기록된 율법을 중시하고 강조했지만 그들 내면에서부터 우러나오는 진실함이 없는 형식적인 행위로 인하여 예수님께 책망받은 것을 생각해 볼 때 인간의 내적 성장을 통한 친절은 아무리 강조해도 부족하지 않다.

2) 물처럼 흘러가라

진시황제는 물을 무척 좋아했고 자신을 물 같은 존재라고 했다. 결국 그는 큰 제국을 이루었다. 아주 오랜 세월이 흘러 현대에 이르러 그가 이룩한 제국의 모습이 지하에서 발견되었는데 그 웅장함은 엄청났다.

우리나라에서도 전 대통령 중에서 "사람들은 나를 물이라고 하는데 물이 얼마나 무서운지 보여 주겠다"고 말하는 것을 TV 뉴스를 통해서 들은 적이 있다. 오래된 일이지만 그 당시 필자는 그 대통령의 말이 정겹게 들리기도 하였다. 그 이유는 그전에는 대통령 연설이 항상 짜인 듯한 국정 발표식의 딱딱한 분위기인 데 반해 그때는 자신에 대한 비판에 대해서 감정을 드러내는 모습이 인간답고 진솔해 보이기까지 했기 때문이다.

내가 성공하기 위해서 물이 되라고 말한 것의 의미는 겸손과 끈기를 말하고자 한 것이다. 물은 높은 데로 흐르지 않고 낮은 데로 흐른다. 앞이 막히면 옆으로 돌아가고 갈 곳이 아무리 멀더라도 굽이굽이 흘러서 원하는 목적지에 다다른다. 냇물은 흘러서 강으로 가고, 강물은 흘러서 바다로 간다. 그 바다는 생동하고 풍요로운 바다이다. 그래서 사람들은 바다를 보면 가슴이 확 트인다고 말한다. 바다같이 마음이 넉넉한 사람, 이해심이 넉넉한 사람, 많은 것을 포용할 수 있고 내어 놓을 수 있는 사람, 그런 사람이 되어야 하겠다.

152x200   4부   무선   날개:78mm   매직칼라A 벗꽃색 1장   IP0056 4963

돌이켜 보건대 우리 선조들은 광활한 만주벌판을 말을 타고 달리던 기마민족이었으며 삼면이 바다라 배를 타고 바다 위를 달리는 것에 익숙한 해양 민족이었다. 그런 민족의 후손이기에 어디론가 더 넓은 세상을 향해 떠나기 위한 도구를 만드는 데 심리적으로 익숙하여 조선산업 세계 1위, 자동차 산업 세계 5위를 달성한 것이라고 생각해 본다.

현대사회는 정보통신의 발달과 교통의 발달, 입국절차의 간소화 등으로 개인 또는 기업이 마음만 먹으면 얼마든지 세계를 돌아다니면서 일할 수 있는 세상이 되었다. 우리는 민족의 특성을 살려 전 세계를 향해서 물같이 흘러가야 한다.

3) 화목하게 하는 사람이 되라

역사적으로 볼 때 내부의 분열이 외부의 공격보다 더 무서운 결과를 초래한다. 화려하고 막강했던 비잔티움 제국은 아군끼리 싸우다가 내부소모전으로 멸망했고, 러시아 정교회도 성직자 가운의 길이와 같은 불필요한 논쟁을 일삼다가 망하고 말았다. 멀리 볼 것도 없이 100년 전 조선도 당파싸움으로 나라가 망하여 일본 식민지가 되었다.

필자는 2007년도 휴가 때 일본 선교여행 및 문화체험을 간 적이 있는데 일본의 수도 도쿄, 천년의 역사도시 교토, 항구도시 고베,

사슴공원이 있는 나라를 여행하였다. 그중 인상 깊었던 기억은 고베 역에 내려서 항구로 걸어가던 중 우리나라의 재래시장과 같은 상가를 지나가게 된 것이다.

그곳에서 선물을 사기 위해 고서점에 들러 보니 일본제국주의 시절에 그린 그림사진들이 진열대에 놓여 있었다. 나는 그중에서 그림사진 몇 점을 사려고 살펴보다가 우연히 남대문이 그려진 그림사진을 발견하고 너무 반가워 손에 들고 보던 중 깜짝 놀라고 말았다. 그 그림사진 속 남대문에는 일장기들이 달려 있었고 그 앞으로 말을 탄 일본 순사가 지나가는 장면과 그 앞쪽에는 힘없이 굳어진 채 상투를 튼 한국 사람이 나무지게를 지고 서 있는 모습, 조금 떨어진 뒷부분에는 아이를 엎고 젖가슴을 드러낸 채 헝클어진 머리를 한 한국 여인의 모습이 그려져 있었다.

당시 일본제국주의자들은 이토 히로부미의 지시하에 우리나라를 미개한 나라요, 일본이 돌보지 않으면 살아갈 수 없는 나라로 해외에 선전하기 위해 여자들은 기생들에게 돈을 주고 가슴을 드러내 놓게 하여 사진을 찍고, 남자들은 술 먹고 길에서 쓰러져 자는 사람들이나 지저분하게 다니는 백정들을 사진 찍어 우표나 신문에 실었다고 한다. 나는 그 그림사진을 일본에서 보면서 우리나라가 일본에게 망했었다는 것을 온몸에 소름이 돋게 느낄 수 있었다. 그날 나는 일본 도쿄대학을 졸업한 중·고등학교 교장 선생님께서 전교생

152x200 4부 무선 날개:78mm 매직칼라A 벚꽃색 1장 IP0056 4963

조회 때 "일본을 이기기 위해서는 일본을 알아야 하고 일본인이 잘하는 것이 있다면 그들에게 배워서라도 그보다 더 잘해서 반드시 일본을 이겨야 한다"고 그토록 외치시던 이유를 깊이 알게 되었다.

일본을 이길 방법을 한번 생각해 보면 일본인은 국가의 이익을 위해서는 개인의 이익과 단체의 이익을 포기할 줄 안다. 국가에 피해가 되는 것은 언론보도까지도 침묵한다. 전체의 조화를 위해 이질적인 것, 개인적인 것을 억제하는 화(和)의 사상은 일본 특유의 전체주의, 집단주의의 기초를 이루었다. 하지만 일본사회의 큰 문제로 지적되고 있는 회사 중심주의, 획일적 교육, 집단적 학대인 이지메(いじめ)의 근원도 화의 사상에 근거하고 있다고 볼 수 있다. 이를 통해 볼 때 일본인의 화에는 정이 부족하거나 아예 없는 경우도 많다. 그런데 우리에게는 일본인과 다른 정이 있다. 우리나라 사람들의 정 문화에 화의 문화를 더욱 발전시킨다면 일본을 능가하는 나라가 될 것이다. 벌써 많은 분야에서 일본을 능가하고 있는 것이 하나의 증거이다.

모두가 화목하기 위해서는 서로 도움이 될 수 있는 공통분모를 찾아야 한다. 공동의 이익을 위해서 서로가 협력하면 자연스럽게 화목을 이룰 수 있다. 하지만 모두가 이익을 똑같이 소유하게 되는 것은 쉬운 일이 아니다. 이때 상대의 소유에 지나치게 반응하다 보면 갈등이 생기고 갈등의 골이 깊어지면 싸움이 일어난다. 싸움이 생기기 전 갈등의 해결책은 더 큰 대의를 위해 서로 양보해야 한다. 양보한 사람은 처음에는 손해를 보는 것 같지만 그 양보의 대가로 다른 형태로든 언젠가는 이익을 얻어 잘될 수 있다.

4) 일반은혜와 특별은혜를 받아라

호주의 전직 TV 프로듀서 론다 번은 위대한 성공의 비밀을 전 세계 사람들과 공유하기 위해 미국으로 날아가서 『시크릿』 시크릿을 저술하여 판매한 결과 「아마존」에서 베스트셀러 1위로 커다란 업적을 이루었다.

필자가 그 책을 읽고 아이러니하게 생각한 것은 그 책의 핵심내용이 필자가 유년기부터 지금까지 줄곧 듣고 읽어 온 성경말씀과 인천순복음교회의 최성규 목사와 여의도 순복음교회 조용기 목사의 저서와 설교를 통해서 자주 보고 들었던 내용들이었다. 사실 조용기 목사와 최성규 목사는 현대사회에서 대표적인 성공의 증거이다. 『시크릿』의 주요 내용인 긍정적 생각, 창조적 생각, 믿고 선언하기, 그림 그리기, 감사하기, 찾기, 누리기 등은 두 분 설교의 핵심적인 내용이다.

그런데 미국에서 그렇게 각광받은 『시크릿』이 한국에서도 각광받는 것은 현대인들의 삶이 무척이나 정신적으로 피폐해 있다는 반증이기도 하다. 성경에서 안정을 찾고 성공도 하기 바란다. 『시크릿』

152x200   4부   무선   날개:78mm   매직칼라A 벚꽃색 1장   IP0056 4963

에서는 긍정적인 주파수를 우주에 보내면 우주에서 반응을 보낸다고 한다. 그런데 별은 우주에 떠 있는 물체건만 하나님께서는 별을 사용하시어 아기 예수가 탄생하신 장소를 찾기를 갈망하는 동방 박사들을 도와주셨다. 이 같은 사실을 통해서 볼 때 우주 뒤에 있는 힘은 비인격체인 우주가 아니라 온 우주와 이 땅 위에 충만하게 역사하시는 인격체이신 하나님이시다.

『크리스찬을 위한 시크릿』을 저술한 헨리 클라우드는 "하나님은 삶을 운영하는 일련의 법칙을 사람들에게 일러 주었고 우리가 하나님의 말씀을 적용해 보면 참이라는 사실과 그로써 자유롭게 된다는 사실을 알게 되고 삶은 결코 내게 달려 있지 않고 창조주와의 관계 속에서 엮어 나가는 것이다. 그분은 우리를 찾고 계시며 우리가 그분을 찾으면 그분을 찾을 것이고, 하나님의 다른 비밀들도 찾을 것이다"라고 말한다.

7. 나눔과 행복

1) 그리스도의 온유와 겸손을 배워라

성공하고자 한다면 예수님의 온유함과 겸손을 배워야 한다. 온유는 부드러움이다. 부드러운 사람은 모든 일을 마찰 없이 현명하게 처리해 나간다. 부드러운 사람과 싸우려는 사람은 거의 없다. 어차피 인생 전반을 두고 볼 때에 사람이 추구하는 이익이라는 것은 안개와 같고 들풀과 같아서 잠시 있다가 사라지는 것들이다. 이익에만 몰두하지 않고 초연하고 부드럽게 일을 처리해 나간다면 상대도 지나친 소유욕이나 집착을 벗어나서 여유를 가지고 타협 및 협상을 할 것이다. 야생의 세계에서 거친 짐승들은 거의 죽었고 생존하는 약간의 짐승들도 동물원에 갇혀서 사람이 던져 주는 고기를 먹고 연명하고 있다. 이런 현상은 인간세계에서도 별반 다를 바 없다.

그래서 예수님은 "온유한 자는 복이 있나니 저희가 땅을 기업으로 차지할 것이요(마5:5)"라고 말씀하셨다. 또한 세상에서 고통받는 사람들에게 "수고하고 무거운 짐 진 사람들아, 다 내게로 오라. 내가 너희를 편히 쉬게 하겠다. 나는 마음이 온유하고 겸손하니 내 멍에를 메고 내게 배워라. 그러면 너희 영혼이 쉼을 얻을 것이다. 내 멍에는 메기 쉽고 내 짐은 가볍다(마 11:28~30)"고 말씀하셨다.

2) 주는 것이 받는 것보다 행복하다

"가진 것이 부족해도 남을 위해서 잘 쓰는 사람이 부자고, 가진 것이 많아도 남을 위해서 안 쓰는 사람은 부자가 아니다"라는 말이 있다. 주는 것이 받는 것보다 행복하다는 것은 나눠 본 사람만이 알 수 있는 기분이다. 또한 나누어 주면 반드시 더해서 채워지는 것도 나눠 본 사람만이 아는 비밀이다. 그러기에 작은 것이라도 나눠 줄 수 있는 사람이 행복한 사람이다.

필자의 경험에 의하면 인하대학교에서 캠퍼스 선교를 할 때 기아대책본부와 협약식을 가진 적이 있었는데 본부 직원들이 후원금 용지를 돌려서 매월 3천 원을 자동이체로 신청한 적이 있었다. 당시 그 용지를 걷는 사람에게 다른 데도 하기에 조금밖에 못 해 미안하다는 말을 했더니 아니라고 이 정도도 감사하다고 말하였다. 그 후 매월 통장에서 자동이체로 삼천 원씩 기아대책본부에 입금되고 있는데 그날 이후로 필자는 물질적인 축복을 많이 받았고 이를 계기로 현재 근무하고 있는 사회복지관에서 삼천 원 전용 자동이체 후원자 모집을 하고 있다.

어려서부터 기부가 습관이 되도록 교육을 잘 시키고 있는 서구에서는 작은 기부를 귀하게 여기고 있다. 그런데 우리나라의 경우 과거보다 많이 좋아지기는 했지만 작은 기부는 **ARS** 모금이나 연말 거리에서의 공동모금이 주를 이루고 있는 실정이다. 우리나라의 기부문화가 잘 정착될 수 있도록 작은 것부터 기부하는 습관을 가져야 하겠다. 작은 것으로 큰 행복을 만들어 갈 수 있다.

3) 긍휼히 여기는 마음을 가지라

우리나라 사람들은 열강에 둘러싸인 지리적 환경으로 인해 역사적으로 많은 고통을 받으며 살고 있다. 그런 처참한 역사 속에서도 국가의 명맥을 이어 온 것은 우리나라의 아버지와 어머니들의 힘이 크다고 할 수 있다.

특히 우리나라의 어머니들은 자녀들을 긍휼히 여기는 마음이 어느 나라 어머니들보다 각별하다. 가난하지만 사랑이 많은 부모님의 보살핌을 받으며 자라 온 우리나라 사람들은 역사의 질곡 속에서도 포기하지 않고 자식을 위해서 희생하신 부모님의 은혜에 보답하고자 열심히 공부한 후 직장에 취직한다. 그리고 직장에서 성공적으로 살기 위해 삶의 현장에서 고군분투한다. 하지만 뜻대로 되지 않는 것이 직장생활이다.

그중 가장 큰 어려움이 사람 때문에 고통을 당하는 경우이다. 직장 구성원들은 모두가 어느 부모의 자녀들이다. 그들의 부모가 그들을 긍휼히 여기며 돌보고 키워서 사회에 진출하게 한 것이다. 그들 부모들의 정성을 보아서 회사대표와 상사들은 21세기 윤리경영의 모토에 맞게 언제나 사원들을 사랑으로 돌봐야 한다.

사랑으로 돌보는 것은 물질과 복지, 적절한 보상과 미래에 대한 안정감과 일에 대한 보람 등 많은 부분들이 체계적으로 실현되고 정착되는 것이다. 돈 벌어서 함께한 사람들과 나누지 않으면 그 인

152x200   4부   무선   날개:78mm   매직칼라A 벚꽃색 1장   IP0056 4963

생이 결코 행복할 수 없다. 어떤 식으로든 사람들의 원성과 원망이 그에게 나쁜 영향을 미치기 때문이다. 이것은 하나님께서 만들어 놓으신 우주의 법칙이고 섭리이다.

많은 사람들은 고난을 당할 때 '왜 하필 나인가? 왜 나만 이런 고통을 당하는가?' 괴로워하지만 원인은 누구보다 자신이 쌓은 공덕에 있다는 것을 자신이 안다. 물론 애매하게 고난을 겪는 사람들도 있다. 하지만 그런 경우는 성장을 위한 단련이라고 믿고, 기쁘게 참고 견디면 어느덧 좋은 결과를 얻게 된다.

이와 같은 법칙은 회사의 대표와 상사에게만 적용되는 것은 아니다. 정의와 진실이 없는 사원 및 부하들에게도 적용되는 것이다. 발전적이고 건설적이지 못한 이기적인 선동과 단체행동은 결국 부메랑이 되어 자기에게 돌아오게 되어 현재보다 더욱 안 좋은 결과를 초래하게 된다. 우리는 지난 과거의 역사를 돌아보면서 교훈으로 삼아야 한다. 우리가 행복할 수 있는 비결은 무엇보다 서로 인자하며 불쌍히 여기고 하나님이 그리스도 안에서 우리를 용서하심과 같이 서로 용서하고, 화목하게 열심으로 일하고 생활하는 것이다.

사도 바울은 당시의 에베소교회 사람들에게 '새롭게 살아갈 생활의 본'을 알려 주고 있는데 교회만이 아니라 사람이 함께하는 모든 단체와 모든 나라에 사는 현대인들에게도 결코 부족함이 없는 내용이다.

"그런즉 거짓을 버리고 각각 그 이웃으로 더불어 참된 것을 말하라. 이는 우리가 서로 지체가 되기 때문이다. 분을 내어도 죄를 짓지 말며 해가 지도록 분을 품지 말고 마귀가 틈을 타지 못하게 하라. 도적질 하는 자는 다시 도적질을 하지 말고 돌이켜 가난하고 궁핍한 사람에게 구제할 것이 있기 위하여 자신의 손으로 수고하여 선한 일을 하라.

무릇 더러운 말은 너희의 입 밖에도 내지 말고 오직 덕을 세우는 데 소용되는 대로 선한 말을 하여 듣는 자들에게 은혜를 끼쳐라. 하나님의 영이신 성령을 근심하게 하지 말라. 그 안에서 너희가 천국에 가는 날까지 확정을 받았다. 너희는 모든 악독과 노함과 분 내는 것과 떠드는 것과 훼방하는 것을 모든 악의와 함께 버려라. 그리고 서로 인자하게 대하며 불쌍히 여겨라. 서로 용서하기를 하나님이 그리스도 안에서 너희를 용서하신 것과 같이 용서하라"(에베소서 4:25~32절).

4) 눈물을 흘리며 씨를 뿌리는 자는 기쁨으로 단을 거둔다

진나라의 승상 여불위는 원래 양책의 대상인이었다. 그는 국경을 넘나들며 장사했으며 이를 통해 많은 돈을 모은 대부호였다. 특히 여불위는 수완이 뛰어나고 이재에 밝았다. 여불위가 조나라 수도 한단으로 갔을 때 진나라의 서공자로 볼모로 잡혀 있는 자초를 만났다. 자초는 진나라 소왕의 둘째 아들인 안국군의 20명 아들 중 한 명이었다.

여불위에게는 조희라는 애첩이 있었는데 임신한 사실을 숨기고 그 여자를 자초에게 주었다. 여불위는 자초가 진나라로 귀국할 수 있게 도움을 제공하였고 후일 자초는 왕위에 올라 장양왕이 되었다. 그 공로로 여불위는 진나라 승상이 되었으며 태후(太后: 진시황의 모후이자 여불위의 첩)와 밀통관계를 유지하였다. 여불위는 이 관계가 들통날까 두려워 노애라는 사내를 태후에게 보내어 정을 통하게 하였다.

태자 정이 성장하여 이 관계를 눈치 채자 노애는 진시황제를 제거하려는 반란을 일으켰다가 극형을 당하고 만다. 여불위는 이 사건에 연루되어 상국에서 파면되어 촉 땅으로 귀양을 가게 되는데 점점 압박해 오는 진시황제의 중압감을 못 이겨 마침내 자살하였다. 그는 나라를 차지하겠다는 욕심이 잉태하여 죄를 낳고, 죄가 장성하여 아들의 압박을 받고 비참한 죽음에 이르게 된 것이다.

성경은 "스스로 속이지 말라. 하나님을 속일 수는 없다. 사람은 자기가 심은 대로 거둔다(갈 6:7)"고 하였다. "땅을 갈아 악을 심고 불행의 씨를 뿌리는 자는 모두 그 심은 대로 거두었다(욥 4:8)"고 한다.

당장에 이득이 없어 보여도 올바르고 바른 것을 뿌리면 반드시 그 결과로 좋은 것을 거두게 된다. 상업적인 결과만 봐도 정직과 성실과 최선의 씨앗으로 얻어 낸 결과들이 얼마든지 있다. 우리나라가 군사정권일 때도 유한양행과 이랜드는 비자금을 만들어 정치로비 자금으로 활용하지 않았지만 탈세 안 하고 기독교 정신을 가지고 정직과 성실과 최선으로 일하면서 인화와 기술과 신용으로 대기업을 이루어 낸 것은 많이 알려진 사실이다. 그래서 우리는 바르게 일하면서 성과가 없다고 한탄하지 말아야 한다. 언젠가는 반드시 하나님께서 어떤 형태로든 그 열매를 맺게 해 주신다.

5) 심고, 거두고, 나누고, 누리고(4GO)를 반복하라

좋은 것을 심으면 반드시 좋은 것을 거두고 좋지 않은 것을 심으면 반드시 좋지 않은 것을 거두게 되는 것이 하나님의 법칙이다. "눈물을 흘리며 씨를 뿌리는 자는 기쁨으로 거두고 울며 씨를 뿌리러 나가는 자는 정녕 기쁨으로 그 단을 가지고 돌아온다(시편 126:5~6)."

좋은 것을 심고 거두었으면 나누는 자가 행복한 사람이 된다. 나누는 사람만이 부와 행복을 평생토록 누릴 수 있다. 이렇게 나누는 사람은 물질과 양식을 천국에 쌓아 놓는 사람이 된다.

152x200   4부   무선   날개:78mm   매직칼라A 벗꽃색 1장   IP0056 4963

제3부

종합적 해법

152x200   4부   무선   날개:78mm   매직칼라A 벚꽃색 1장   IP0056 4963

1. 신앙

조지 워싱턴 커버 박사는 노예제도를 종결시킨 남북전쟁 초기 1860년 미국 중서부 미주리 주 한 농가에서 태어났다. 흑인 노예인 어머니는 실종됐고 주인이었던 백인 아버지는 사고로 죽었다. 그는 남의 집 헛간에서 자라면서 온갖 학대를 당했다. 하지만 그는 인간다운 삶을 살아갈 수 없는 처참한 환경 속에서도 내면이 병들지 않았고 학업에 대한 열정을 가지고 학교에서 일하고 그 대가로 수업을 듣고 농학과 식물 세균학 분야의 박사학위를 받고 교수가 되었다.

그는 자신에게 고통을 주는 사람들을 원망하기보다는 하나님을 의지하는 신앙을 가지고 자신의 일에 충실했는데 그 결과 땅콩을 연구하여 300가지가 넘는 제품을 만들어서 목화재배 노동으로 고통받는 흑인들을 실질적으로 해방시키는 결과를 가져왔다. 그는 헨리 윌리스, 헨드 포드, 간디와 친구로 지냈으며 캘빈 쿨리지와 루스벨트 대통령도 멀리서 그를 찾아왔다.

그가 열악한 환경 속에서 굴하지 않고 이러한 업적을 쌓고 조국과 동포와 종족에게 희망을 주게 된 것은 하나님을 섬기는 신앙을 가지고 성실히 노력했기 때문에 가능했다는 것을 알 수 있다. 예수님을 믿고 구원을 받으면 신앙이 생기고 신앙으로 하는 노력은 큰 성공을 거둔다.

신앙의 힘은 어떠한 역경 속에서도 살아갈 용기와 희망을 준다. 사람이 할 수 있는 일을 다 해 보아도 안 되는 일이 얼마나 많은가? 안 되는 일만 있는 것이라면 그나마 다행이다. 억울한 일도 일어나기 때문이다. 얼마 전 미국에서는 소년 성폭행 누명을 쓰고 35년간 복역한 한 남자가 DNA검사로 무죄가 입증되어 풀려난 일이 있었다.

기자가 그에게 억울하지 않는가라고 묻자 그는 하나님을 의지하여 모든 것을 이겨 냈다고 말했다. 신을 의지하고 살아가는 것은 나약한 것이 아니라 인간이 예상하지 못한 또는 감당할 수 없는 모든 것으로부터 안전함을 추구하는 것이다. 마치 자신을 낳아 준 부모를 인정하듯이 자신을 창조한 신을 인정하는 것은 자신의 정체성을 확립하고 자신의 시작과 나중을 아는 지혜가 된다. 이것을 바탕으로 완전한 성공에 이르게 된다.

152x200   4부   무선   날개:78mm   매직칼라A 벗꽃색 1장   IP0056 4963

여기서 완전한 성공이란 이 세상에서의 성공과 저 세상에서의 성공을 의미한다. 모든 사람은 나이가 들어 죽는다. 필자가 경험한 바에 의하면 이상하게도 신앙이 없는 사람들은 죽음에 대한 생각이 별로 없는 것 같다. 마치 영원히 살 것처럼 생각하거나 죽으면 그만이지 하고 단순하게 생각하고 금방 잊어 버린다. 물론 매사에 죽음을 생각하고 살면 우울증에 걸리거나 삶을 즐겁게 살 수 없다. 하지만 전혀 죽음 후의 삶에 대한 대비가 없다면 인생을 허비하는 것이라고 볼 수 있다. 오늘을 사는 우리 인생의 나날들은 내일과 미래 나아가 죽은 후의 내세를 위해서 소중하게 사용해야 하기 때문이다.

『시크릿』의 저자 론다 번은 신앙의 힘에 대해서는 믿지 않는 것 같다. 그녀는 성공의 원천을 우주의 반응으로 보고 있는데 성경에는 우주를 창조하신 분으로 알파(처음)와 오메가(나중) 되시는 하나님을 증거하고 있다. 또한 성경은 하나님은 스스로 계신 분이시고 비교할 자가 없는 가장 높으신 분으로 증거하고 있다. 우주에서 나타나는 모든 현상은 하나님께서 창조하신 창조의 능력이 보이는 것이다. 마치 지구가 태양의 주변을 도는 것과 같다. 우주의 생성과 소멸의 연속, 인간의 생로병사, 봄이 오면 꽃이 피고, 가을이 되면 곡식이 익고, 겨울이면 하늘에서 흰 눈이 내리는 것 등 삼라만상 모든 것이 하나님의 능력으로 일어나는 것이다.

이뿐만 아니라 하나님께서는 세상에서 성공적으로 사는 비결을 성경에 기록하게 하셨는데 예수를 믿고 구원받은 사람들에게 주는 선물이다. 그 말씀대로 살지 못해서 그렇지 성경말씀대로 살기만 하면 결과는 만사형통이다.『시크릿』을 비롯한 대다수 성공학은 모두 성경에서 이미 말하고 있는 것들을 실천한 사람들이 얻게 된 부와 성공, 건강을 제시하고 있다.

하지만 그들은 영혼의 문제에 대해서는 중요하게 다루고 있지 않으며 영원한 성공에 대해서도 거의 말하고 있지 않다. 그 비밀을 알지 못하기 때문이다. 그중 하나인『시크릿』은 하나님께서 인간에게 주신 잠재능력의 계발이라는 인간 이성의 수준에 머물러 있다. 즉 영을 계발하는 데는 이르지 못하고 있다. 그러나 성경은 영이 살아나고 영을 계발하는 것과 영원한 성공을 얻는 방법이 기록되어 있어 더 가치가 있고 위대한 것이다. 안타까운 것은 성경 하면 기독교인이 읽는 것이라는 생각에 처음부터 아예 읽으려 하지 않는 것이 문제이다. 보화를 가까이 두고 먼 데서 보화를 찾는 것과 같은 것이다.

2. 독서

핀란드는 1990년대 초반에 불어 닥친 경제 불황으로 매우 어려운 상황이었다. 그런 핀란드가 2000년대에 들어와 교육개혁의 성

152x200   4부   무선   날개:78mm   매직칼라A 벚꽃색 1장   IP0056 4963

공, 첨단 정보통신사업의 성공으로 국가경쟁력 세계 1위를 차지했다. 더불어 교육경쟁력과 국가청렴도에서 1위를 차지하였다. 이 같은 핀란드의 저력은 다름 아닌 국민독서운동이 밑바탕이 되었던 것으로 평가되고 있다. 그들은 다른 국가들과 비교해 볼 때 인구당 도서관 비율 1위, 국민 1인당 장서 수 1위, 도서관 이용률 1위, 독해력 1위의 국가이다. 핀란드는 독서가 국력이라는 것을 표명했듯이 독서능력의 향상 없이는 국가의 발전도 없다고 생각했다.

그래서 책을 제대로 읽지 못하거나 그 내용을 제대로 이해하지 못하는 사람을 치료하는 것이 곧 국가경쟁력을 확보하는 것이라고 생각했다. 모든 국민이 도서관을 자기 집 드나들듯 이용하도록 권장하고 지원하여 국민적인 취미가 독서가 될 만큼 독서를 통한 커뮤니케이션이 원활하게 이루어지고 있다. 핀란드는 독서가 국가 경쟁력을 좌우할 수 있다는 것을 잘 보여 주고 있는 것이다.

이런 관점에서 볼 때 우리나라가 1998년 IMF위기를 겪게 된 가장 큰 원인은 국민 독서량이 부족해서가 아닌가 생각해 본다. 독서보다는 해외여행이 붐을 일으켰던 1980년 중후반 우리나라 사람들은 조국이 부유한 나라라고 착각하고 있었다. 그러나 국민들이 믿고 있던 우리나라의 경제성장은 물거품으로 밝혀졌고 외화 고갈이라는 경제위기를 가져왔다. 다행스러운 것은 IMF경제위기를 슬기롭게 넘기고 2009년 미국 월가의 세계경제위기도 과거의 경험을 통해서 무사히 넘기고 있으니 불행 중 다행이다.

우리는 개인을 위해서만이 아니라 국가의 백년대계를 위해서도 독서를 해야 한다. 한 조사에 의하면, 유럽 선진국들은 아이들이 가장 좋아하는 베드타임 북과 부모 자신들이 어린 시절에 좋아했던 베드타임 북의 목록이 상당 부분 서로 일치했다고 한다. 세대 간의 가치관과 철학의 공유가 엿보인다. 서구 나라들이 여전히 선진국의 위용을 품위 있게 이어 오는 힘은 세대 간의 감정을 공유한 덕이라고 생각한다.

필자가 생각하기에 우리 민족의 세대 간 연결고리는 대부분 어머니나 할머니들의 옛날이야기에서 비롯되었다고 본다. 그러나 핵가족화되고 맞벌이 부부가 대부분인 오늘날 가정의 어린이들은 어머니와 할머니의 옛날이야기를 들을 기회가 점점 희박해져 가고 있다. 그나마 남아 있던 세대 간의 연결고리가 사라지는 듯한 느낌이다. 다행인 것은 간혹 TV에서 「개구리 소년」, 「독수리 오형제」, 「들장미소녀 캔디」, 「이상한나라의 폴」, 「은하철도 999」 등이 다시 방송되고 있어 부모 자녀가 함께할 대화의 소재가 있는 것이다.

이제라도 할머니들의 구전으로 전해 내려오는 이야기만이 아니라 부모세대들이 주로 보았던 동화책들을 비롯한 문학서적들을 자녀들이 읽을 수 있도록 가정에서부터 시작해야 한다.

필자는 교보문고, 영풍문고, 대동서점 등 우리나라의 중·대형서점

152x200   4부   무선   날개:78mm   매직칼라A 벚꽃색 1장   IP0056 4963

을 방문하여 남녀노소 할 것 없이 많은 사람들이 독서를 하는 모습을 보면 그 모습이 무척 밝다는 느낌과 우리나라의 미래에 대한 안정감을 느끼곤 한다. 이런 느낌은 단지 나만의 느낌은 아닐 것이다.

독서하는 것은 자신을 위한 것만이 아니라 가족과 나라를 위한 것이기 때문이다. 우리나라가 과거 일본에 나라를 빼앗긴 것과 아직까지 선진국 진입을 이루지 못하고 있는 이유가 독서를 많이 하지 않았기 때문이라면 과언일가? 지금도 일본에 가면 많은 사람들이 독서하는 모습을 지하철에서, 기차 안에서 목격할 수 있다. 일본은 19세기 말부터 정부가 나서서 역 주변에 무료나 또는 싸게 열람할 수 있는 신문종람소를 설치하고 도서관도 활성화하여 국민들에게 독서공간을 마련해 주고 책이나 신문을 읽을 독서환경을 조성하였다고 하니 일본의 대중 독서문화 역사가 우리보다 오래된 것을 알 수 있다.

2002년 문화관광부가 발표한 우리나라 사람들의 독서율 조사에 의하면 성인 10명 가운데 3명은 1년 동안 단 한 권의 책도 읽지 않았으며 영상매체 접촉시간은 하루 2시간이 넘지만 책 읽는 시간은 30분에 불과했다. 2006년도 국민들의 독서율은 예전과 비슷하며 성인들은 한 달에 평균 한 권의 책을 읽지만 초·중·고 학생들의 독서량이 갈수록 줄어들고 있다고 발표했다. 우리나라도 너무 정보통신 문화에만 치우치지 말고 독서문화 확대를 위한 관심과 지원이 필요하다. 다행스러운 것은 근래에 인천지하철공사와 광주지하철공사에서 독서대를 마련하여 시민들에게 독서할 수 있는 여건을 조성하였는데 이런 일들이 많이 일어났으면 하는 바람이다.

우리는 독서를 하면 내면이 살찌는 듯한 느낌과 함께 안정감, 나아가 미래의 성공에 대한 기대감이 생긴다. 이런 현상은 자기의 미래를 정확히 예측할 수는 없지만 더 나은 미래를 준비하고 있기에 생기는 자신감 때문이다. 독서하는 사람은 희망이 있다.

3. 자기계발

꾸준히 조사되고 회자되고 있는 말로 현대사회에서 성공한 사람들에게서 발견되는 공통점은 IQ가 뛰어난 사람, EQ가 뛰어난 사람, NQ가 뛰어난 사람이라고 하였다. 그리고 최근에는 브라이언 트레이시가 말한 매력 있는 것이 성공한 사람들의 공통점으로 부각되었다. 필자가 생각하기에는 성공하는 사람들은 기본적인 아이큐와 풍부한 감성과 네트워킹을 바탕으로 자기의 매력을 창출하는 사람이라고 생각한다.

사람마다 장점이 있고 단점이 있듯이 사람의 재능도 다양하다. 각자의 재능은 하나님이 주신 것인데 그 재능을 발견하고 계발하여

152x200   4부   무선   날개:78mm   매직칼라A 벚꽃색 1장   IP0056 4963

매력적인 사람이 되는 것이 중요하다고 생각한다. 청룡영화제에서 「내 사랑 내 곁에」로 남우주연상을 받은 김명민 씨는 입상 소감으로 "하나님께서 배우의 재능을 주셨는데 조금 부족하게 주시어서 늘 겸손하게 노력하는 배우가 되게 하시어 감사드린다"고 말한 것이 좋은 예이다.

4. 문화

　경술국치 100년을 맞는 오늘날 우리나라는 21세기에 비약적인 성장을 거듭하여 반기문 UN사무총장을 배출하였고 원조 받았던 국가에서 유일하게 원조하는 국가로 승격하였다. 또한 2010년에 들어와서 아랍에미리트와 터키에 원전을 수출하는 쾌거를 이루었으며 세계 최대의 조선산업과 반도체산업을 일으켰고 세계 최대의 IT 생산국이 되었다. 인천에는 세계인들이 오고 가는 세계 최대의 인천국제공항이 운영되고 있다. 하지만 30개국 OECD회원국가들 중에서 최고의 양주 소비율을 기록하고 있다. 양주 소비량이 말해 주듯이 여전히 밤 문화가 발달하여 유흥가는 새벽이 되어서야 문을 닫는 경우가 흔하다. 한마디로 문화적 수준은 세계적으로 열등하다는 것이다.

　밤 문화를 보면 그 나라의 문화를 가늠해 볼 수 있다고 하는데 선진국일수록 밤거리에 사람들이 잘 다니지 않는다. 필자가 경험한 바로도 이스라엘과 일본에 가 보니 초저녁만 되어도 사람들의 인적이 드문 것을 볼 수 있었다. 현지에 있는 사람들에게 물어보니 그들은 일찍 가게 문을 닫고 집에 들어가서 가족과 함께 보낸다고 하였다.

김구 선생은 우리나라가 문화강대국이 되길 소원했다고 한다. 이 말은 오늘날 우리나라 젊은이들에게 큰 위로와 희망을 주는 명언이 되어 문화강국을 꿈꾸는 사람들을 만들어 내기에 이르렀다. 바야흐로 세계무대에 한류문화의 붐을 일으키고 있다. 하지만 대부분 영화, 드라마 등 연예부문과 태권도, 축구, 골프, 피겨스케이트, 야구 등 일부 스포츠에 국한되어 있는 것을 볼 수 있다. 진정한 문화강대국이 되기 위해서는 국민 각자가 문화를 알고 문화를 즐기고 누리는 단계까지 올라가야 한다.

문화강국을 이루기 위한 하나의 방편으로 자아정체성의 회복이다. 자아정체성은 그 민족의 근원으로 돌아가서 뿌리를 알아 가면서 발전되어야 한다. 그러나 너무나 오랜 세월 동안 우리나라는 서구 문화를 동경하여 우리나라의 고유문화에 대해서 경홀히 여겼다. 이제부터라도 우리 민족 고유의 자아정체성을 회복하고 세계에 한민족의 정신을 널리 알리는 일에 매진해 나가야 하겠다. 모 방송국 프로그램에서 국내에서 활동하는 해외기업 및 금융권에서 활발하게 활동하고 있는 대표 4인을 초청하여 한국인의 장점에 대해서 질문하였는데 그들은 한국인은 정이 있고 집중력이 있으며, 열정적이고 파워가 있다고 말하였다. 한결같이 한국인의 장점을 말해 주었다. 그중에서 필자가 강의 중 자주 말하는 정이라는 말이 나왔을 때 매우 감동적이었다. 정은 우리나라 고유 정서이다. 힘없고 가난했지만 정으로 살아온 5,000년의 역사의 정점은 정의 결정체이다.

이 정은 효를 통해서 우리 민족의 생활에 은은히 녹아 있다. 사실 효는 중국에서 들어온 정신문화가 아니라 우리 민족 고유의 정신으로 도리어 중국에 영향을 주었다. 중국의 공자는 태어날 때 얼굴이 추하게 생겨서 그의 아버지는 집안을 말아먹을 괴물이 태어났다고 종들에게 명하여 산에 갔다 버리라고 했다.

주인의 말을 듣고 그 집의 종은 아이를 안고 산속으로 가서 한 동굴에 버리고 왔는데 젖먹이를 버리게 된 공자 엄마는 아들이 불쌍하여 마음이 괴로웠다. 그래서 공자 엄마는 남편의 눈을 피해 몰래 동굴에 가 공자를 집으로 안고 돌아와 남편 몰래 키웠다는 구전이 있다. 그렇게 3년간을 남편 몰래 키우던 중 공자 아버지가 세상을 하직하자 공자는 엄마의 슬하에서 자유롭게 양육되기 시작하였다.

세월이 흘러 공자는 성장했고 학문에 매진하여 높은 학문의 경지에 올라 오늘날 재무장관에 해당되는 대사부가 되어서 노나라를 부강하게 만드는 데 큰 공헌을 하였다. 그러나 노나라의 번영을 시기한 제나라의 술수에 빠진 노나라 왕은 제나라에서 보내 온 미인들과 술로서 나날을 보내며 나라를 돌보지 않는다. 공자는 그런 왕에게 환멸을 느끼고 노나라를 떠나 여행하며 자신의 뜻을 펼쳐 나갈 나라를 찾았으나 어느 나라 왕도 그에게 관직을 주지 않았다. 여행 중 그는 강도를 만나는 것을 피하기 위해 제자들과 떨어져서 혼자서 성을 향해 걸어간 적도 많은데 그 모양이 너무 초라해 보여서 사람들은 그를 보고 '상갓집 개' 같다고 비아냥거리기도 했다.

하지만 공자는 학문의 열망을 놓지 않고 많은 공부를 하고 연구하여 당대에 견줄 만한 사람이 없는 학문의 최고경지를 이루어 갔다. 훗날 그는 흰색 옷을 입고 사는 백의민족을 알게 되었는데 웃어른과 부모를 극진히 모시는 것을 알고 크게 감동받아 "이 나라야말로 동쪽에 있는 예의 바른 군자의 나라가 아니겠는가? 나는 그 나라에 가서 살고 싶다"고 말하였다.

이렇듯이 우리나라는 본래 효를 중시하는 민족이었는데 그 효도 중국의 효와 달리 부자 중심의 효가 아닌 고대로부터 내려오던 부모 자녀 중심의 효였다. 온 가족을 소중히 여기는 효로서 부모는 자녀들을 극진하게 사랑으로 돌보았고 자녀들은 그런 부모님의 희생에 감동하여 효로써 부모님의 은혜에 보답하였다.

부모님 중에서 특히 어머니의 희생이 극진하였다. 어머니들은 가난하고 외세의 침략이 휘몰아치는 역사 현장에서도 언제나 자녀들을 위해서 먹을 것과 입을 것을 아낌없이 주었고 농사일과 집안일로 고된 시집살이를 하는 동안에도 자녀들의 성장과 성공을 위해서 한 알의 밀알이 되는 희생을 아끼지 않았다.

따라서 한국의 전통적 효는 조선시대에 들어온 유학에서 말하는 효가 아니라 고대로부터 내려오는 효로 부모는 자녀를 사랑으로 돌보고 자녀는 그 은혜에 감사하여 공경과 부양으로 보답하는 효이다. 특히 한국의 효는 홍익인간의 정신을 바탕으로 내 부모만 공경한 것이 아니라 남의 부모도 내 부모 공경하듯 하였고, 내 자녀만 사랑한 것이 아니라 남의 자녀도 내 자녀같이 사랑하고 돌봐 주던 정신문화로 유교의 인(仁) 형성에 커다란 영향을 미쳤다.

이제 우리는 우리 민족 고유의 효로 돌아가서 효가 장점인 한국 문화를 세계에 알리는 계기로 삼아야 할 것이다. 한국인의 효는 신기하게도 성경에 기록된 효와 같다. 인천순복음교회 최성규 목사는 15년 전에 성산효대학원대학교를 설립하고 성경적인 바른 효 운동을 전개하고 있다. 그의 주장은 효 문화가 미흡한 세계에서 살아온 서구 선교사들이 한국에 와서 효를 잘 가르치지 못하였기에 기독교가 효를 중요하게 여기지 않는 것으로 국민들에게 잘못 인식되어 왔다고 말한다.

그래서 성경에 기록된 내용을 근거로 한 효학과를 개설하고 효를 신학적으로 체계화시켜서 성경적 효 운동을 전개하여 2007년 7월에는 우리나라의 효행장려법을 제도화하는 데 크게 기여하였다. 이

법안의 골자는 국가는 국민에게 효를 교육할 의무가 있고, 효 문화 진흥청을 세워서 효를 장려하고 10월을 노인의 달로 제정하여 효행을 권장하도록 하고 있다.

역사적으로 볼 때 한국은 고대 때부터 하나님의 말씀을 알고 있었으며 하나님을 신(神)으로 섬긴 민족인 것을 성경 고고학에서 밝히고 있다. 성경의 기록과 보존을 이스라엘 민족이 했듯이 한민족은 성경의 말씀을 생활 가운데 실천해 온 민족이었다. 우리 민족이 미국이나 서구 유럽 등 다른 나라들에 비해 성경말씀에 적합한 언어와 풍습, 생활문화가 풍부한 것이 증거이다. 한국 고유의 정 문화도 고대로부터 우리 민족이 하나님의 말씀을 잘 순종하고 지켜 온 효가 있었기에 가능한 것이라고 생각한다.

현재 우리나라는 사회의 부익부 빈익빈 현상, 저출산 고령화, 정치경제의 부정부패 만연, 실업률 증대, 남북관계 불확실성, 일본의 독도야욕 노골화, 중국의 동북공정, 대중 경제의존도 심화 등 풀어내야 할 숙제도 한둘이 아니지만 이러한 때 국민정신인 효 정신을 회복하고 민족 정체성을 확립한다면 세계 국가들을 선도해 나가는 초일류 국가로 성장할 수 있을 것이다.

152x200   4부   무선   날개:78mm   매직칼라A 벚꽃색 1장   IP0056 4963

5. 사랑

피천득의 인연에 등장하는 나는 저자 자신으로 그는 아사꼬라는 한 여자를 열일곱 되던 해 봄 도쿄에서 만났다. 첫 번째 만남에서 그는 스위트피 꽃과 아사꼬의 하얀색 운동화를 기억하고 두 번째 만남에서는 목련과 아사꼬의 연두색 우산 그리고 아사꼬와 악수를 나눈 것을 추억한다. 그 후 십여 년 후에 그는 세 번째로 아사꼬를 만났는데 그날 본 아사꼬는 백합화같이 시들어 가고 있었다고 한다. 그래서 그는 아사꼬와의 세 번째 만남은 "아니 만났어야 좋았을 것이다"라고 말하였다.

하지만 그는 아사꼬와 인연이 깊었던지 오랜 세월이 흘러 노인이 된 후에도 두 번 더 아사꼬를 만나서 지난날의 추억을 함께 나누었다. 두 사람의 만남을 보면서 인연의 소중함을 생각하게 한다.

사랑은 인연으로 만들어진다고 한다. 사랑은 어느 날 밀물같이 순식간에 다가온다고 한다. 그래서 석가모니는 사람 사이의 인연을 중하게 여기면서도 집착을 경계하였다. 반면 현대인들은 인스턴트식(instant food)에 익숙해져서인지 몰라도 사랑도 인스턴트식 사랑을 한다. 쉽게 만나고 쉽게 사랑하고 쉽게 헤어진다. 진정한 사랑은 오랫동안 깊이 있게 서로를 알아 가고 소중히 여기며 그리워하는 것이 아닐까?

인연으로 만나서 부부가 된 사람들에게 있어서 성생활은 매우 중요하다는 연구 발표가 많이 나오고 있다. 최근 연구발표에 의하면 성생활이 부부관계에서 차지하는 비중이 80~90%에 이른다고 말한다. 그런데 부부의 성관계는 대체로 결혼기간이 길수록 낮아지는 경향이 있고 서로가 너무 익숙해져 상대방을 배려하지 않는 이들이 적지 않다고 한다. 그래서 그런지 우리나라 부부 중 성관계 없이 장기간 지내는 섹스리스 부부가 늘고 있다고 한다. 이유는 스트레스 등 원인도 있지만 성생활의 예절과 청결함 그리고 섹스 후 감사의 표현 등이 부족해서 일어나는 경우가 많다고 한다.

그런데 비단 성생활뿐만 아니라 가정생활 전반에 걸쳐서 배우자가 이미롭다고 해서 자신이 해야 할 노력을 게을리 하면 아무리 부부라도 멀어지는 것을 알 수 있다. 결혼이 사랑의 완성이 아니라 완성을 위한 기회를 얻은 것이라고 감사하게 생각하고 사랑의 완성을 위해 노력한다면 상당 부분 부부간의 갈등이 해소될 것이라고 생각해 본다.

6. 볼런티어 워크(volunteer work)

현재 우리나라 국민들의 교육수준과 의식수준은 매우 높다. 세계는 대한민국의 국민들을 주목해서 보고 있다. 국민의 의식수준 향

152x200   4부   무선   날개:78mm   매직칼라A 벚꽃색 1장   IP0056 4963

상은 기업체들에게 높은 윤리경영을 요구하는 단계에 이르렀다. 이 것은 국민의 교육수준이 높아지면서 자연스럽게 나타난 현상이기 때문에 더욱 힘이 있다. 그 결과 우리나라 기업체들은 윤리경영에 대한 높은 의식을 가지고 있다.

언론매체를 통한 기업 광고는 이미지 광고가 주를 이루고 있다. 기업의 좋은 이미지는 곧바로 수익성을 보장하기 때문이다. 반대로 기업의 나쁜 이미지, 예를 들어 세금포탈 등은 수십 년간 부동의 자 리를 랭크한 상품이 하루아침에 경쟁사에 순위를 넘겨주는 결과를 초래하거나 회사가 문을 닫는 경우까지 발생한다. 세상이 이만큼 변한 것인데 이러한 변화에 적응하기 위해 우리나라의 기업체들은 이웃에 대한 봉사를 통한 이미지 구축을 시도하고 있다. 한 예로 회 사의 오너와 직원들이 연탄을 나르는 모습, 집을 수리해 주는 모습, 난방시설을 지원하는 모습 등은 익히 우리가 언론매체를 통해서 보 거나 듣는다.

그런데 자원봉사(volunteer work)는 아주 오래전부터 지역사회 교회와 단체를 중심으로 자생적으로 생겼다. 다양한 분야에서 봉사 하는 자원봉사자(voluntary worker)는 사회복지사(social worker)에 게 있어서 큰 위안과 힘이 된다. 자칫하면 기능적인 돌봄에 치우칠 수 있는 복지사업에 정과 사랑이 풍부한 자원봉사자들의 협력은 클 라이언트(대상자)들만이 아니라 사회복지사들에게도 적지 않은 위로와 힘이 되기 때문이다. 남을 돕는 자원봉사는 자신의 성공으로 이어지기도 한다. 성공은 이웃에 대한 봉사가 자연스럽게 몸에 익혀진 사람들에게서 자연스럽게 이루어지는 경우가 많기 때문이다.

해외로 자원봉사를 하러 가는 경우도 많아지고 있는데 우리나라의 해외자원봉사 역사의 시작은 1990년 9월 1일 처음으로 청년 해외봉사단 22명이 스리랑카와 인도네시아로 봉사를 떠난 것이다. 이들은 교육, 농업, 체육, 기술, 사회봉사, 지역개발 6개 분야에 배치되어 2년씩 봉사활동을 했고 91년 한국 국제협력단(KOICA)이 이 사업을 이어받아 지금까지 53개국에 6,503명이 값진 땀을 흘리며 봉사하였다.

이들은 세계의 오지 마을에 들어가서 도자기를 굽는 기술을 가르치고 아프리카 등지에서는 펌프를 놓아 물을 마시게 하고 하수도를 놓아서 위생적인 환경을 만들어 주고 있다. 요즘에는 장년과 노년층으로 해외봉사가 확대되고 있는데 해외로 나가 봉사를 하는 것도 뜻있는 길이다.

우리나라가 원조를 받은 나라들 중에서 유일하게 해외로 원조를 하는 나라가 된 것에 대해서 하나님께 감사하는 마음을 갖고 해외에 나가서 봉사한다면 우리의 아름다운 봉사를 통해서 세계의 많은 사람들이 깊은 감명을 받게 될 것이고 우리들은 커다란 보람을 느끼게 될 것이다.

152x200   4부   무선   날개:78mm   매직칼라A 벚꽃색 1장   IP0056 4963

7. 여행

여행은 자기를 발견하는 시간이다. 가슴이 답답하고 머리가 아플 때 어디론가 여행을 떠나 보자. 파도가 넘실대는 바다, 녹음이 우거지고 매미소리가 매암매암 나는 푸른 산 등 우리나라에는 갈 만한 곳이 너무 많다. 조용히 흐르는 강물을 보면서 추억을 회상하거나 자신의 내면을 점검할 수가 있다.

여유가 된다면 해외로 가는 경우도 좋을 듯하다. 근래에 들어 우리나라 사람들도 자유여행의 진가를 알고 자유여행을 떠나는 사람들이 늘고 있다. 필자가 경험한 바에 의하면 자유여행만큼 자신의 내면을 성장시키는 여행은 없다고 생각한다. 하지만 처음부터 자유여행을 떠나라고 권하고 싶지는 않다. 처음에는 단체여행을 떠나서 해외여행을 몇 차례 경험해 본 후 해외에 거주하는 지인의 초청을 받아 개인적인 안내를 받으며 여행을 하고 이런저런 여행경험을 바탕으로 홀로 여행을 떠나는 것이 좋다.

한비야 씨는 세계 일주를 하던 경험을 바탕으로 월드비전의 홍보대사가 되어 왕성히 활동하고 있다. 세계로 여행을 떠나는 사람들은 젊은이만이 아니다. 현재 **70**대 초반인 이해욱, 김성심 부부는 **1993**년에 **30**여 년의 직장생활을 뒤로 하고 배낭을 어깨에 멘 채 길을 나섰다.

2009년까지 188개국 세계 일주를 하였고 앞으로 나머지 6개국을 목표로 하고 있다. 해외에도 많은 사람들이 여행을 통해서 자아를 성장시키고 그 성장의 힘으로 삶을 변화시키고 사회에 도움이 되는 일을 하는 사람들을 볼 수 있다. 여행은 자기 성장의 에너지요, 삶의 활력이다.

8. 노년준비

우리나라 사람들은 흔히 노년을 생각하면 우울해진다. 비단 우리나라 사람들만이 아닐 것이다. 세계 모든 사람들이 노년을 우울한 시대로 받아들이는 경향이 없잖아 있다. 그러나 노년기는 인생의 사이클인 유아기·청소년기·성인기를 거쳐서 죽음에 이르는 과정으로 어떻게 받아들이느냐에 따라서 인생의 황혼기를 즐겁게 보낼 수도 있고 우울하게 보낼 수도 있다.

2009년 11월 12일 통계청이 발표한 자료에 의하면 우리나라의 기대수명은 평균 79세로 세계 22위이다. 1971년도에 62세였던 것에 비하면 실로 놀라운 일이 아닐 수 없다. 그런데 이제 우리 앞에는 이렇게 오래 살게 된 노년기를 어떻게 보내야 할 것인가, 어떻게 준비해야 할 것인가 하는 과제가 주어지게 되었다. 필자가 생각하기에는 준비된 노년기의 첫째는 무엇보다 건강해야 한다고 생각된다.

노인기에 접어들기 전 남녀 중장년들은 건강을 위해 운동을 해야 하는데 대부분 어떤 운동을 하겠다고 정하고 운동을 시작하면 얼마 못 가서 그만두는 경우가 많다. 운동이 목표 달성이 되고 그것이 일이 되어 하기가 귀찮아진 것이다. 그래서 권장하기를 집 안에서든 밖에서든 쉬지 않고 움직이는 것 자체가 운동이라 생각하고 청소, 집안 정리, 마을을 돌아다니는 것 또는 버스나 전철을 타고 출퇴근하는 것도 좋고 휴일에는 등산이나 각종 취미로 하는 즐거운 운동을 하면 좋을 듯하다.

그리고 맘에 맞는 사람들과 많은 말(수다)을 하여 스트레스를 없애는 것도 건강하기 위한 하나의 방법이다. 더불어 타인과 편하게 어우러지는 관계 속에서 멋진 노년을 보낼 수 있기에 인간관계의 어우러짐을 미리 몸에 익혀야 한다.

세상에는 여러 종류의 사람들이 있는데 너무 따지지 말고 이해하고 양보하고 포용하면서 때론 물이 흐르듯이 지나가야 하는 것에 익숙해져야 한다. 나이가 들어갈수록 자기 고집과 아집이 생기는 것은 세상을 살아온 자기 자신만의 삶의 방식과 철학적 잣대를 가지고 있기에 마땅치 않은 것을 보면 쉽게 지적하거나 노하게 되기 때문이다. 그런데 그것이 습관이 되면 훗날 너무 쉽게 노여움을 타는 노인이 될 수 있기에 허용하거나 때론 단념, 체념해 버리는 지혜가 필요하다.

다음으로 정신적인 젊음을 유지해야 한다. 사무엘 울만은 일찍이 그의 유명한 시 「청춘」에서 이렇게 노래했다. "청춘이란 인생의 어떤 기간이 아니라 마음의 상태를 말한다. 때로는 20세 청년보다도 70세 노년에게 청춘이 있다. 나이를 더해 가는 것만으로 사람은 늙지 않는다. 이상과 열정을 잃어 버릴 때 비로소 늙는다"고 말했다.

젊음을 유지하기 위한 비결은 주위를 의식하지 않고 젊게 사는 것이다. 미국의 전직 대통령 아버지 부시는 80세 생일 기념으로 비행기에서 낙하산을 타고 하강해서 땅에 안착했다. 잠시 후 낙하산 탄 소감을 묻는 TV기자에게 그는 "인생은 지금부터, 게임은 이제 시작되었다"라고 말하였다 그 말을 들은 기자가 옆에서 지켜보던 바버라 부시 여사에게 남편의 저런 모습을 어떻게 생각하시냐고 물었더니 그녀는 "우리 남편은 아직 철이 없어요"라고 말했다.

필자는 그 뉴스를 보면서 하나의 사실을 깨닫게 되었는데 타인에게 피해를 주지 않는 범위 안에서 얼마든지 체면을 생각하지 말고, 젊게 살아야 한다는 것이다. 그리고 5년의 세월이 흐른 작년에 아버지 부시 대통령은 이를 증명이라도 하듯이 85세 생일 기념으로 낙하산을 타고 땅에 안착했다.

정신과 의사들은 마음이 청춘이면 몸도 청춘이 되고, 노령에도 뇌세포는 증식한다고 한다. 뇌가 건강하기 위해서는 운동만이 아니

라 책을 읽어야 한다. 독서의 습관은 노년을 준비하는 데 있어 가장
위대한 도구가 될 것이다.

9. 내세준비

미국의 대형교회인 윌로크릭 교회를 목회하고 있는 빌 하이빌스
목사는 젊은 시절에 해변이 있는 아름다운 관광지에서 휴가를 보내
다가 근처에서 우연히 어느 노부인이 평생 꿈꾸고 소원했던 이 아
름다운 곳에 와서 지내니 너무 좋아서 죽어도 한이 없다고 남편에
게 하는 말을 들었다고 한다. 그는 그때 한 사람이 인생을 살아온
가치가 그 정도라면 너무 허무한 것이 아닌가라는 생각을 하게 되
었다고 한다. 그래서 곧바로 방으로 가서 무릎을 꿇고 '하나님 저는
정말 가치 있는 인생을 살 수 있게 해 달라'고 기도했는데 그 후 목
사가 되어 인생을 가치 있게 살고 있다.

2010년 3월 11일에 이스라엘 기독교인들의 순교적 삶과 이들의
소망을 담은 기독교 다큐 영화 「회복」이 개봉 8주 만에 7만 명을
돌파했다고 한다. 영화 「회복」은 성지순례의 본 고장인 이스라엘에
서 벌어지는 반기독교적 테러 등을 실감 있게 다루면서 이 같은 열
악한 환경에서 믿음을 잃지 않고 지켜 나가는 이스라엘 기독교인을

위해 기도하자는 메시지를 담고 있다.

1998년 여름에 이스라엘 여행을 한 적이 있는데 그 지역은 우리나라보다 전쟁의 기운이 더 팽배했던 기억이 난다. 가는 곳마다 군인들이 총을 들고 경계근무를 하고 있었는데 무거운 총을 들고 군복무를 하고 있는 여군들도 자주 보았다. 그곳에서 들은 이스라엘 종교 정책은 신앙의 자유는 인정하고 있지만 전도는 금지하고 있었다. 전도를 할 경우 누구든지 5년의 징역이나 당시 5만 파운드의 벌금을 물어야 했다. 만일 이스라엘 사람이 기독교로 개종을 할 경우 가족들로부터 추방되는 경우도 있고, 취업은 거의 기대할 수도 없으며 사회적 혜택은 상당부분 포기해야 한다고 하였다. 그래서 개종한 이스라엘 기독교인들은 대부분 살기가 막막해서 그들만의 공동체를 만들어서 농사를 짓고 신앙생활을 하면서 함께 의지하며 살고 있다고 하였다.

나는 그런 공동체 중 하나인 '야드시모나'에서 며칠을 보낸 적이 있었다. 산기슭에 자리한 공동체 거주지에는 스페인산 통나무로 지은 펜션이 여러 동 있었고, 중앙에는 강당이 있었다. 내가 머문 산기슭 통나무 집 앞으로 붉은 노을이 내려와 펼쳐진 풍경이 기억에 새롭다. 아름다운 자연을 배경으로 일터에서 돌아온 사람들은 몇 명씩 모여서 소그룹 성경 공부를 하고 강당에 모여서 하나님께 예배를 드렸다.

152x200   4부   무선   날개:78mm   매직칼라A 벚꽃색 1장   IP0056 4963

어느 날 저녁 그들 중의 대표인 여성이 찾아왔는데 긴 금발에 약간 웨이브가 들어간 헤어스타일에 하얀색 진바지와 진남색 남방을 입고 밝게 웃는 이지적인 모습이 마치 천사와같이 아름다웠다. 그때 그녀가 내게 저녁 강연을 부탁하였으나 스케줄이 정해져 있어서 여행팀과 상의한 후 정중히 사양하였는데 지금까지 미안한 마음이 있다. 언젠가 기회가 되면 그곳에 가서 위로와 희망을 주는 강연을 하고 싶다. 그들은 주어진 환경에서 최선을 다해 내세를 준비하는 아름다운 사람들이었다.

최왕규

1966년 인천 출생으로 서울에서 성장하였다. 인하대학교 대학원에서 교육학(교육사회, 심리학 전공) 박사학위를 받았다. 현재 성산종합사회복지관장으로 근무하고 있으며, 성산효대학원대학교에서 사회복지학과 겸임교수로 대학원생들을 가르치고 있다.

저자는 세상을 살아가면서 여러 가지 고통과 문제로 마음이 상하고 지친 사람들의 감성적이고 정적인 형태를 잘 포착하여 역사적이고 실증적인 내용을 바탕으로 독자들을 위로하고 인생을 강하고 담대하게 살아갈 희망을 제시하고 있다.

초판인쇄 | 2010년 8월 11일
초판발행 | 2010년 8월 11일

지은이 | 최왕규
펴낸이 | 채종준
펴낸곳 | 한국학술정보㈜
주　소 | 경기도 파주시 교하읍 문발리 파주출판문화정보산업단지 513-5
전　화 | 031) 908-3181(대표)
팩　스 | 031) 908-3189
홈페이지 | http://ebook.kstudy.com
E-mail | 출판사업부　publish@kstudy.com
등　록 | 제일산-115호(2000. 6. 19)

ISBN　978-89-268-1277-8 03040 (Paper Book)
　　　978-89-268-1278-5 08040 (e-Book)

이담Books는 한국학술정보(주)의 지식실용서 브랜드입니다.